KB131923

나이 듦의 심리학

나이 듦의 심리학

수카

가야마 리카 지음 | 조찬희 옮김

차 례

※2장※ 나이 듦으로부터 도망치다

그래도 나는 아직 젊고 싶다

✲ 3장 ✲ 그녀들의 연애 사정

사랑하고, 사랑받고 싶다

☆4장☆ 혼자서 살아간다

막연한 불안에 대처한다는 것

※7장※ 그래도 우리들은 나이 들기에

내 인생은 잘못되지 않았다

여자의 정년, 그 의미를 생각하다

'여자의 정년'이란 말을 들었을 때 당신은 무엇을 떠올릴까.

만약 당신이 일하는 여성이라면 자연스레 '다니고 있는 회사의 정년'을 떠올릴 것이다. '우리 회사는 60세가 정년인데 내가 지금 마흔아홉이니까…… 아직 꽤 남았네'라며 앞으로 몇 년이나 남았는지 따져보기도 할 것이다. 이런 경우에 남녀 간의 구별은 없다. 하지만 이렇게 된 건 근래의 일이고, 불과 얼마 전까지만 해도 남녀의 퇴직 연령에 큰 차이가 있었다. 이 문제에 관해서는 나중에 다시 언급하기로 하자.

만약 당신에게 남편이 있다면, 우선 '남편 회사의 정년'을 떠올리지 않을까. 본인에게 직업이 있든 없든 '남편의 정년이 앞으로 6년 남았네. 정년 후 평소에 하고 싶었던 걸 하면서 살 거라고 했으니까, 내 삶도 꽤 달라지겠지'라고 생각하는 사람도 있을 것이다. 즉, 현재 50대 여성에게는 그들이 전업주부든 아니든 상관없이 남편은 한 집안의 기둥이라는 인식이 여전히 남아 있기 때문에, 아무래도 '여자의 정년=남편의 정년'이라고 생각할 것이다.

또한 '여자의 정년'이라는 말에 순간 멈칫한 사람도 있을 것이다. 한때 여자의 정년이라는 말은 '여자임을 내려놓다'라는 부정적 의미로 쓰일 때가 많았다. 예를 들어, 여자가 갱년기를 맞이하는 40대부터 50대에 걸친 시기를 은어적 표현으로 '여자의 정년'이라고 말하는 사람도 있었다.

그 밖에도 "저 사람은 이제 끝났어"라는 불쾌한 표현도 들어본 적이 있는데, 여기서 '끝나다'란 폐경을 의미한다. 잘 생각해보면 폐경과 여자라는 것 사이에는 아무런 관계가 없는데, 이 사회에는 여전히 폐경한 사람은 여자가 아니라는 차별적 사고가 뿌리 깊게 박혀 있다.

한편 이와 같이 노골적이지는 않더라도, 50대부터 60대 즈음이 되어 자녀가 독립하면 어쩐지 인생의 마무리 단계에 들어선 기분이 든다. 나뿐만 아니라 주위 사람들 이야기를 들어봐도 "이제 와서 여자고 아니고가 뭐가 중요해"라고 여기는 사람이 꽤 있다.

예를 들어 나는 이제 곧 쉰여덟 살이 되는데, 가끔 친구 모임에 나가서 "나 이 헤어스타일 질렸어. 다음엔 어떻게 할까?"라고 물으면 "이 나이에 꾸미면 뭐 해. 손질하기 쉬운 머리가 최고야. 쇼트커트로 하는 건 어때?"라는 대답을 들을 때도 있다. 물론 친구는 악의 없이 한 말이고, 그 자리에서 나 또한 "그럴까"라며 수긍했지만, 문득 '멋 내는 데에 나이가 상관있나'라는 의문도 품게 되는 것이다.

그런 반면에, 텔레비전에 나온 스타일리스트가 "일흔이 되든 여든이 되든 여자는 여자예요. 액세서리 같은 걸 활용해서 소소하게나마 여성스러움을 연출하는 게 중요합니다"라고 말하는 걸 보면, '여든이 돼도 여성스러워지라고? 이제 그런 것 좀 졸업하면 안 될까' 싶은 마음도 든다.

멋을 내는 게 꼭 여자의 전유물은 아니지만, 그렇다고 도대체 몇 살까지 '여자로서의 꾸밈'과 '여자로서의 몸가짐'에 얽매여야 하는 걸까. 이런 생각을 하다 보면, 저절로 '여자에게 정년이란 무엇인가'라는 문제에 관해 생각하게 된다. 이건 단순히 멋 내기의 문제는 아니다.

'여자'는 이성(뿐만은 아니지만)과의 연애나 성애와도 밀접한 관련이 있는 테마다. 여자의 정년이라는 말에는 특정 이성(다시 말하지만 동성이어도 좋다)과의 연애, 성애 관계가 종료된다는 의미도 있다.

이 문제는 결혼 여부와는 상관이 없다. 앞으로 이야기하겠지만,

결혼을 했음에도 섹스리스인 사람이 있다면, 한편 결혼을 했음에도 배우자 이외의 연애나 섹스 파트너가 있는 사람도 있다. 이 문제는 유형화하기도 힘들고, 타인에게 말을 꺼내기도, 물어보기도 곤란하다.

나도 또래 친구 중 싱글인 친구가 있지만 그녀가 성관계를 포함한 연애를 하고 있는지, 혹은 기혼자의 경우 지금도 남편과 성관계를 하고 있는지, 하고 있다면 그 빈도는 어떤지에 관해 전혀 모른다. 고등학교나 대학교 여자 동창들과는 꽤 자주 모이는데, 그 자리에서도 그런 화제는 나오지 않는다. 아주 가끔 누군가 "나 이혼했어"라는 고백을 하면, '적어도 이전 파트너와의 관계는 끝났다는 거구나'라고 추측만 하는 정도다. 반대로 50대에 결혼을 했거나 이혼하고 재혼을 했다는 친구가 있어도 "그래서 그 사람이랑 섹스도 하니?"라고 묻지는 않는다.

이처럼 '여자의 정년'에는 다양한 의미가 포함되어 있어서, 남자의 경우처럼 '정년=직장 퇴직'이라는 단순한 도식으로 생각하기 어렵다. 하지만 앞으로 살아갈 사회에서는 여성들이 정년 후 어떤 인생을 살게 될지가 매우 중요한 문제가 될 것이다.

그렇다면 이제부터 다양한 사례를 들어 여자의 나이 듦과 정년의 의미에 관해 하나하나 고민해보기로 하자.

가야마 리카

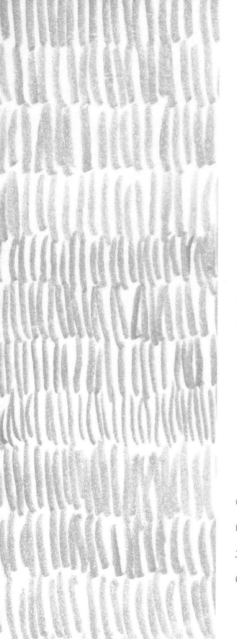

1장

언제까지
일할 수 있을까?

여전히 누군가에게
필요한 존재고 싶지만

여성이 일을 하는 것, 일하고 싶어하는 것은

미안해할 일도 아니고 부끄러운 일도 아니다.

그렇다고 해서 아주 훌륭한 일도 아니다.

이는 그저 '당연한 일'이다.

앞으로 어떤 정년을 맞이하고
어떤 시간을 맞이하게 될까.

계속 일할까? 아니면 그만둘까?

☆ 원래부터 의학부를 지망했던 건 아니었다. 이학부理學部에 진학해 지구과학이나 천문학 연구자가 되고 싶었다. 그래서 고3 때 국립대학 이학부에만 지원했는데, 보기 좋게 불합격해서 결국 재수 생활에 돌입했다. 다음 해에도 당연히 같은 전공에 지원할 생각이었지만 어머니는 말씀하셨다.

"국립대학에 지원했다가 합격하면 다행이지만, 만일 떨어지면 어떡할 거니? 삼수는 못 시켜주니까 이번에는 사립대학도 지원해서 합격한 곳에 들어가렴."

그 말을 듣고 나는 몇몇 사립대학과 학부의 이름을 언급했다.

물론 전부 이공계였다. 그러자 어머니는 고개를 가로저으며 말씀하셨다.

"잠깐, 너는 여자고 재수를 한 데다가, 심지어 독립해서 혼자 살잖아. 취직에 불리한 조건을 모두 갖췄어. 이런 상태로는 이학부를 졸업해도 아무도 써주지 않을 거야. 사립대학은 이학부 말고 기술을 배울 수 있는 곳에 지원해야 해."

일하는 여성에게 가혹한 세상

여자, 이공계, 재수에 자취. 요즘이라면 "그게 뭐 어때서"라고 말하겠지만, 그 시절에는 일단 여자라는 이유 하나만으로도 취직할 수 있는 회사가 제한되어 있었다. 특히 이공계의 경우 그 수가 더욱 적었다. 또한 여자의 경우, 일단 '젊다'는 점이 취업 조건 중 하나로 여겨졌는데, 심지어는 4년제 대학을 나오는 것보다 단기대학을 졸업하는 게 유리하다는 말까지 나올 정도였다. 그런 분위기 속에서 재수를 해 나이가 많다는 건 애초에 논할 가치조차 없는 악조건이었다.

그리고 위의 조건 중 가장 이해가 안 가는 건 바로 '자취생은 불리하다'는 점일 것이다. 이 또한 요즘 학생들에게 이야기하면 "정말이야?", "그거 차별이잖아"라며 놀랄 테지만, 내가 스무 살 때는 자취하는 여자는 생활이 문란할 것이라는 이유로 회사에서 기피 대상이 되었다. 물론 채용할 때 대놓고 언급하지는 않았지만, 이는 우리 어머니 같은 평범한 주부도 알 정도의 '상식'이었다. 그뿐 아니라 신상 조사를 해서 가정환경이나 동네 평판을 알아본다는 소문까지 있었다. 이제 와서 생각하면 명백한 인권침해지만, 당시는 그런 시대였다고밖에 달리 할 말이 없다.

그런 분위기 속에서 정작 나 자신은 '이학부에 들어가 연구원이 되자'는 것 외의 진로를 생각하지 않았으니, 어머니가 그런 말을 하는 것도 당연했다. 그래서 결국 국립대학은 이학부에 지원하고, 사립대학은 자격증을 딸 수 있는 의료계열 학부에 지원한다는 타협안을 마련했다. 그렇게 나는 약학부나 의학부가 있는 사립대학 몇 군데에 원서를 냈다.

하지만 '국립대학 어디 한 군데는 붙겠지'라는 낙관적 전망이 무색하게 또 불합격하고 말았다. 그래서 결국 어쩌다 붙은 사립대학에 진학하게 된 것이다.

이제 와서 '만약에'라는 말로 상상하면 무슨 소용이 있겠느냐마는, 당시 남녀고용기회균등법(1986년 제정된 법으로, 남녀의 평등한 고용 기회 및 대우를 보장하는 법. 이하 '고균법' - 옮긴이 주)이 있어서 사립대학 이학부를 졸업한 여자도 연구직으로 기업에 채용될 수 있었다면, 나는 사립대학도 이학부에 지원했을 것이다.

의사가 된 지 30년이 넘었고 지금은 '의사가 되길 잘했다'는 생각도 들지만, 그래도 「미국 벤처 기업, 우주 로켓 발사!」 같은 제목의 기사를 볼 때면 여전히 마음이 설렌다.

여성 정년이 30세인 회사?!

내 경험을 장황하게 이야기한 이유는 지금으로부터 35년 전에는 여자의 취업에 제약이 많았다는 걸 설명하기 위해서였다.

단지 취업 문턱이 높은 것만이 문제는 아니었다. '부모님과 함께 생활하는 현역 문과계열 전공자'라는 '좋은 조건'을 갖춰서 다행히 취업한다고 해도, 여성에게 회사란 차별받는 곳에 지나지 않았다.

지금이야 '성희롱'이란 말을 어린아이도 아는 시대지만, 언론에서 처음 이 용어를 언급했던 것도 마침 고균법이 처음 시행됐던 1980년대 중반이 지나서였다. 성희롱이란 말이 유행어대상 신조어 부문 금상을 수상한 게 1989년이었으니까, 고균법 시행 이후에도 "성희롱? 처음 들어보는 말인데. 나는 잘 몰라"라고 하는 사람이 압도적으로 많았다. 이것은, 과장해서 말하면 여성 회사원이 무방비 상태로 성희롱을 당했다는 말이나 마찬가지일 것이다.

또한 여성은 정년퇴직 연령에 관해서도 놀랄 정도로 차별을 받았다. 그 예로, 1969년에 있었던 한 재판의 판결을 들 수 있을 것이다. 이는 한 여성 사원이 회사의 정년이 '남자 55세, 여자 30세'라며 불공정하다고 회사를 상대로 고소한 재판이었다.

여성 정년 30세. 요즘은 대학원 석사과정, 박사과정을 거치고 서른 살에 사회인이 되는 여성도 드물지 않다. 그러나 당시에는 중학교나 고등학교를 졸업하고 취직한 여성 사원이 "이제 정년입니다. 수고하셨어요"라는 말을 들으며 서른 남짓에 회사를 그만두어야 했던 것이다.

재판의 판결은 "여성을 차별하고 현저한 불이익을 주는 본 건의 정년제는 매우 불합리하고 미풍양속에 반하기에 무효로 한다"라며 여성의 손을 들어주었다. 그런데 회사는 그 판결을 따르기는커녕 항소했고, 3년 뒤 합의에 이를 때까지 재판을 계속했다.

그 후에도 '여성 정년은 50세', '기혼 여성의 정년은 35세' 등 여성의 정년에 대한 남녀차별에 이의를 제기한 재판이 몇 건이나 계속되었다. 그럼에도 여성의 정년이 남성보다 낮거나, 남성과 다른 기준을 적용하는 것은 위법·무효라는 사실이 사법계의 상식이 되기까지는 꽤 오랜 시간이 걸렸다.

사실 1985년에 성립된 고균법에도 정년에 관한 언급은 전혀 없다. 그 이후 "퇴직 권유, 정년, 해고, 노동계약 갱신에 대해 노동자의 성별을 이유로 차별해서는 안 된다"라는 내용이 법률로 정해진 것은 무려 2006년으로, 고균법이 개정되면서였다.

이처럼 여성이 남성과 마찬가지로 정년까지 일을 할 수 있게 된 것이 불과 얼마 전이다. 어쨌든 여성의 정년이 보장된 덕분에, 이후 취직한 여성들은 30~40대가 되어도 일을 계속할 수 있었고, 그녀들은 이제 50대가 되었다.

이 여성들은 앞으로 어떤 시간을 보내고, 어떤 정년을 맞이할까.

몇 살까지 일할 수 있을까?

☆ 성가신 문제가 하나 더 있다. 사실 문제라고 해도 될지 잘 모르겠는데, 그것은 바로 여성들의 '젊음'이다. 요즘 50대 후반에서 60대 초반 여성들, 즉 나이가 정년 전후인 여성들은 회사에서 일을 하든 안 하든, 결혼을 해서 아이가 있든 없든, 예전 그 나이대 여성들에 비해 압도적으로 젊다.

젊다는 건 외모만의 문제가 아니다. 라이프스타일이나 사고방식, 인생을 대하는 자세까지 어디를 봐도 정년으로는 보이지 않는다. 지금 50~60대를 보면 새로 일을 시작하는 사람이나 학교에 다시 들어가는 사람도 있고, 그 나이에 초혼인 사람도 있다.

해외로 이민을 가서 인생을 리셋하고 새 출발하는 사람도 드물지 않다.

그렇게 "인생은 60세부터!"라면서 의욕에 찬 여성들에게 "이제 정년이시잖아요"라며 찬물을 끼얹을 수는 없다. 그러나 남편과 이 사회의 가치관은 기존과 별반 다를 바 없고, 그로 인해 여러 가지 차질이 생기며 때때로 비극이 일어나기도 한다.

이렇게 옛날부터 지속되던 문제와 현재 새롭게 직면한 문제가 정년 전후 여성들에게 밀어닥치고 있다. 그렇다면 이들에겐 어떤 일이 생기고 있는 걸까? 더불어 어떻게 대처하면 좋을지 구체적으로 생각해보도록 하자.

나이에 연연하지 않고 재미있게 살려면 나름의 돈이 든다. 다달이 들어가는 그 돈은 대체 어디서 나오는 걸까?

노년 수입 중 가장 확실한 건 연금이지만 '연금 붕괴'라는 말이 나온 지 벌써 오래전이다. 심지어 65세부터 지급되던 연금도 곧 70세로 늦춰질 거라는 말까지 나온다.

예전에 해외에서 열린 일본연구국제학회에 참석한 적이 있다. 경제학 분야의 발표 대부분이 일본의 연금제도를 주제로 한 것이었다. 학회 프로그램에 'pension(연금)'이라는 단어가 너무 많이 등장해서 처음에는 '해변과 산속에 있는 펜션이 요즘 핫한 주제인가 보네' 하고 생각했을 정도였다. 일본의 연금 운용 실패는 외국에서 특이 사례로 볼 정도로 사태가 심각하다.

매달 얼마를 받을 수 있을까?

샐러리맨이 가입하는 후생연금의 경우, 가입 기간과 그 기간 동안의 수입으로 연금액을 정하기 때문에, 정확한 계산이 어렵다. 최근 정년 후 생활에 도움되는 정보가 가득한 '시니어 가이드'라는 사이트에서 현재 연금을 수급하고 있는 사람들의 금액을 대략적으로 계산한 결과, 후생연금 평균 월액은 남성이 18만 엔, 여성이 9만 엔으로 산출되었다고 한다. 흠, 글쎄, 회사에서 일할 때 남편 월급이 평균 44만 엔이었는데, 연금을 받게 되면 갑자기 18만 엔으로 생활비가 줄어드는 꼴이다.

'시니어 가이드' 측은 이렇게 덧붙였다.

"현역일 때 수입이 많았더라도 후생연금 금액에는 상한이 있습니다. 게다가 연금이 필요한 경우, 기업연금이나 확정갹출연금(직장을 다니는 시기에 금액을 정한 뒤, 그 금액을 운용하여 노후에 연금으로 받는 제도 – 옮긴이 주) 등 연금을 더 받을 수 있는 제도가 마련돼 있습니다. 돈을 모을 수 있는 현역일 때 이들 제도를 활용해 미래를 대비합시다."

아직 정년이 아닌 사람이라도 이 문장을 보면 순간적으로 불안해지지 않을까. 실제로 나도 최근에 은행 ATM 카드의 마그네틱이 손상돼서 다시 발급받기 위해 은행을 방문했을 때 창구 직원에게 이런 말을 들은 적이 있다.

"카드 수속이 끝날 때까지 잠깐 설명 좀 드려도 될까요? 지금 일하시죠? 정년이 그리 머지않으신 것 같은데 노후 자금은 준비하고 계신가요? 요즘 저희 은행에서 고객님 연령대에도 무리 없이 가입할 수 있는 투자형 금융상품을……."

그 순간 나는 "죄송합니다. 지금은 시간이 없어요. 다음에 할게요"라며 설명을 차단해버렸다. 시간이 없는 게 아니라 아직 듣고 싶지 않은 것이 진짜 이유였다.

어쩌면 은행원에게는 "이 손님은 58세니, 곧 정년이네. 보통예금에 돈도 별로 없는 걸 보니, 저금을 안 하나? 그렇다면 리스크가 조금 있겠지만, 이 금융상품을 추천해볼까"라며 내가 안성맞춤 고객으로 보였을지 모른다.

이야기가 옆길로 샜지만, 아무리 저금을 하는 가정이라고 해도 자신과 남편이 정년을 맞는다는 건 그 순간 수입이 뚝 떨어진다는 말과 같다. 그로 인해 불안감을 느끼거나 실제로 이제 사치는 끝났다며 어쩔 수 없이 절약하는 생활에 들어가는 경우도 적지 않다.

도대체 언제까지 일하고 싶은가?

그렇기에 나도 '할 수 있을 때까지' 일하고 싶다. 그런데 내가 일하려고만 하면 혹은 건강하기만 하면 몇 살이 되든 계속 일할 수 있을까?

현재 30대나 40대 여성에게 "몇 살까지 일할 수 있을 것 같아요?"라고 물으면, 그들은 아마 "그것보다도, 도대체 몇 살까지 일해야 하는 거예요?"라고 되물을 것이다. 현재 쉰일곱인 나도 의사로 사회에 첫발을 내디딘 순간부터 '이제 앞으로 몇십 년을 일해야 한다는 거야? 벌써 질린다'라는 생각을 했었다. 솔직히 말하면, 그때 이후 '일단 2년 정도 해볼까?', '이왕 시작했으니 서른 살까지는 해보자', '지금 그만두면 환자들은 어떡해. 앞으로 몇 년만 더 버티자……'라며 질질 끌다가 여기까지 왔다.

2017년에 돌아가신 히노하라 시게아키 선생처럼 백 살 넘어서까지 일할 수 있다고 가정하면, 앞으로 40년 넘게 남은 셈이다. 생각만 해도 정신이 아득해진다.

하지만 막상 며칠 후 은퇴해야 할 시기가 온다면, 오히려 '좀 더 일하고 싶다'는 생각이 들 것도 불 보듯 뻔하다. 그리고 이는 나만의 생각은 아닌 것 같다.

요즘 주변을 둘러보면 40대에 들어서 '막바지 불임 치료'를 하는 여성이 많다. 그런데 그들 중 몇몇은 20~30대였을 때 "나는 아이 싫어해. 전철에서 떠드는 애들 보면 정말 화가 난다니까"라고 공언하던 사람이었다. 아마도 그런 사람들은 마흔이 돼서 갑자기 아이가 좋아진 게 아니라 "이제 곧 가임 연령이 끝나네요"라는 말에 '빨리 낳아야겠어' 하는 마음이 생긴 것이리라.

　특히 공통제1차학력시험 세대 이후 여성들(즉, 1960년생인 나보다 어린 사람들)은 "남녀 상관없이 조금만 열심히 하면 지원 가능한 학교가 한 단계 올라갑니다"라는 말을 들으면서, 눈앞의 당근을 좇아 열심히 노력하던 버릇이 있다. 그래서 더더욱 "지금 노력하지 않으면 다시는 못 가져요"라는 말에 약하다. 이 세대 사람들에게는 "아니, 난 그런 거 필요 없어"라고 무시하는 건 노력 부족, 나태, 악이라는 가치관이 뼛속까지 스며 있다.

　내 고교 동창 중에는 고균법의 '은혜'로 상사나 금융기관, 언론이나 관공서에 종합직(일본의 종합직은 관리직이나 미래 관리직으로 승진이 가능한 정사원을 말한다. 반면에 일반직은 종합직에 대치되는 개념으로, 주로 지점이나 공장 등에서 채용한다 - 옮긴이 주)으로 채용된 이래, 여전히 승진의 계단을 착착 올라가고 있는 여성도 있다.

　나는 몇 년에 한 번씩 그 친구들과 모임을 하는데, 최근 들어서 상황이 조금씩 달라졌다. 그전까지는 "아시아·오세아니아 지역의 총괄을 맡았다", "정부 전용기로 수상의 중동 역방을 수행했다"라는 드라마에나 나올 법한 화려한 근황을 들으며 그저 감탄할 뿐이었는데, 요즘은 "외국 기업이라서 55세 조기퇴직이란 선택지도 있거든. 그래서 그냥 퇴직했어" 또는 "너는 의사니까 섬이나 무의촌無醫村에 가면 영원히 일할 수 있겠다. 그거 정말 좋은 점이야"라는 나약한 이야기가 드문드문 나오기 시작한 것이다.

그전까지는 "빨리 일 그만두고 핀란드 같은 곳에 가서 느긋하게 살고 싶어"라고 말하던 사람이, 막상 앞으로 정년이 얼마 남지 않았다는 실감을 하면 초조해지는 모양이다. 본인이 퇴사를 결정할 수 있을 때는 그만두고 싶다가도 정작 회사에서 "곧 정년입니다"라는 통보를 받으면 '더 일하고 싶다'는 생각이 드는 것이다. 누군가는 이기적이라고 할지 모르지만, 이는 이미 정해진 결론이다.

그래도 일하고 싶은 나 자신을 받아들인다

단, 시니어가 되어도 일을 하고 싶다면, 경력과 관련된 일을 할 수 없다든지 월급이 매우 적다는 이유로 자존감이 떨어질 수도 있다는 사실을 각오해야 한다.

고용자 측에서 "당신의 기술과 경험, 이제껏 쌓아온 인맥이 절대적으로 필요합니다. 꼭 저희 회사에서 일해주세요"라고 할 리는 없을 것이다.

"60대시라고요? 꼭 일을 하시겠다면, 월급은 현역 직원의 60퍼센트가 나갈 거예요. 그래도 괜찮으시다면 오세요"라는 말에 "그래도 괜찮습니다. 잘 부탁드립니다"라면서 머리를 숙여야 할 수도 있다.

현 상황으로 미루어보아 60세 이상 정년퇴직자 남성이 헬로워크(일본의 공공직업안내소를 말한다 – 옮긴이 주)나 인재파견회사를 통해 직업을 찾을 기회는 극히 적다고 한다. 남성이 이 정도라면 60대 이상 여성에게는 그 기회가 더욱 적을 것이다.

무슨 일이든 상관없다, 일만 하면 된다는 분들은 신문의 광고 전단이나 여성주간지 구인 광고를 통해 찾아보는 게 낫다는 이야기도 자주 듣는다. 실제로 그런 광고를 보면, '68세까지' 또는 '70세까지' 지원이 가능하다는 든든한 문구까지 들어 있다. 개중에는 '연령 불문'이라는 단어까지 등장하는 광고도 있다.

단, 그런 구인 광고의 대부분은 '청소직'이고, 시급 1000엔에 하루 근무시간도 3~5시간으로 제한되어 있다. 예를 들어, 하루 세 시간씩 월 20일을 일한다고 하면 겨우 6만 엔밖에 받지 못하는 것이다.

그래도 일하고 싶다. 혹여라도 예순이 넘어서 '지금도 계속 일하는 나는 실패한 인생일까'라며 자신을 부정하는 건 소용없는 일이다. 그럴수록 당당하게 '나이 들어서도 일하는 나, 너무 멋있지 않니?'라며 자존감을 높이고 싶다.

조건이 나쁜 곳에서 일한다는 것, 나이 들어서도 계속 일한다는 것 때문에 자존감을 잃을 필요는 전혀 없다. 나는 요즘 이 말을 나 자신에게 들려주고 있다.

정년까지 일하고 싶지만

☆ 진료실에 오는 환자들의 연령을 보면, 왜 그런지 의사 연령과 비슷한 경우가 많다. 이는 다른 의사들도 공통적으로 말하는 점이다.

나도 20대일 때는 10대나 20대 환자가 많았고, 30대일 때는 30대 환자가 많았다. 특히 최근에는 진료를 받고 싶은 사람이 미리 홈페이지에 들어가 어떤 의사가 있는지 체크하고, 본인과 나이 차가 그리 크지 않은 의사를 찾아가기 때문에 그런 성향이 더 짙어지는 것 같다. 그리고 성별이 같은 의사에게 자신의 이야기를 털어놓기 쉽다고 생각하는 사람도 많은 듯하다.

최근에는 50대 후반부터 60대 초반의 여성을 만날 기회가 많아졌다. 그중에는 회사나 관공서에서 오래 근무해온 사람도 적지 않다. 고균법 전에 취직을 했지만 그 이후 법이 생기면서 여성도 본인이 희망하면 정년까지 일하는 것이 당연해진 시대의 사람들이다. 그래서 제도적으로 정년은 남성과 같고, 심지어 재임용(60세 정년퇴직인 직원이 자신의 희망에 따라 연금을 받기 전까지 다시 임용되어 일할 수 있는 제도 - 옮긴이 주)도 있기 때문에 대부분의 사람이 65세까지 현재 직장에서 일할 수 있는 권리를 손에 넣었다. 그런데 50대 후반이 되면서 점점 마음이 무거워진다는 소리를 그들에게 자주 듣는다.

경력만 긴 나, 회사에 필요할까요?

: IT 기술을 따라가지 못하는 쓰바키 씨 이야기

그중 한 사람, 쓰바키 씨는 도쿄 도내 4년제 대학을 나와 고균법 제정 바로 직전에 증권회사에 입사했다. 당시 아직 종합직이라는 직책은 없었고, 여성들은 모두 사무직 혹은 일반직이었다고 한다. 부모님과 함께 살았지만 쓰바키 씨가 20대 후반이었을 때 어머니가 난치병에 걸렸고, 이후 아버지와 가사를 분담하면서 어머니를 간호해야 하는 생활이 계속되었다.

"사귀던 사람이 있었지만, 결혼해서 부모님을 떠날 수 있는 것도 아니고, 그렇다고 그 사람한테 부모님과 함께 살자고 할 수도 없어서 결국 헤어졌어요."

이후 짧게 교제한 남성도 있었던 모양이나, 역시 병에 걸린 어머니와 집안일을 맡기기에는 못 미더운 아버지가 마음에 걸려 결혼할 수 없었다고 한다. 그 후 어머니는 쓰바키 씨가 마흔이 되던 해에 돌아가셨고, 아버지는 쓰바키 씨가 쉰다섯이던 2년 전에 돌아가셨다.

"감사하게도 살 집은 있으니까, 이제부터는 정년퇴직할 때까지 지금 회사에서 쭉 일하면서 미술관 탐방이나 다니자고 생각했거든요⋯⋯"라고 말하던 쓰바키 씨의 얼굴이 어두워졌다.

"그런데 요즘 들어 정년까지 이 회사에 있어도 되는 걸까, 불안해지기 시작했어요."

쓰바키 씨의 주요 업무는 노무관리다. 그런데 요즘은 사원의 근태나 근무시간을 컴퓨터로만 체크한다고 한다. 게다가 사용하는 프로그램도 매년 갱신되어 이를 배우는 것만으로도 벅차다고 했다. 얼마 전에는 사원의 스마트폰 앱과 연동하는 새로운 시스템이 도입됐는데, "그 이후로는 전혀⋯⋯"라고 말을 흐리며 쓰바키 씨는 쓴웃음을 지었다.

이렇듯 IT 기술이 점점 진보하는 가운데, 쓰바키 씨는 문득 '내가 우리 팀에 짐이 되는 건 아닐까' 하는 생각이 들었다고 한다.

특히 젊은 사원은 컴퓨터나 스마트폰을 잘 다루고 새로운 구조를 학습하는 능력이 좋아서, 쓰바키 씨가 우물쭈물하고 있으면 "이건 이렇게 하는 거예요"라며 가르쳐줄 때도 있다. 그렇다고 쓰바키 씨를 나쁘게 대하는 건 결코 아니지만, 그의 입장에서는 "입사 연차가 30년이나 아래인 직원에게 일일이 배워야 하다니, 부끄럽고 한심한 기분"이라고 말했다.

"문득 주위를 둘러보니까 같은 시기에 일반직으로 입사한 여성은 모두 그만뒀더라고요. 남은 사람은 저 혼자였어요. 그제야 동기들이 왜 그만뒀는지 떠올려봤습니다. 결혼할 때, 아이가 생겼을 때, 그러고 나서도 회사를 계속 다니던 사람들은 50대가 될 무렵 가족의 간병을 이유로 그만두거나 남편이 정년퇴직해서 같이 쉬고 싶다고 그만둔 사람도 있었어요. 저처럼 싱글인 동기는 55세에 퇴직해서 '지금 아니면 못 할 것 같다'며 시니어 자원봉사를 지원해 캄보디아에서 어학원 선생님이 됐고요. 동기가 그만두고 떠날 때는 '더 일하지 왜 그만둘까' 싶었는데, 이제 와서 생각해보니 '그만둔 여자들' 쪽이 정답이었던 것 같아요. 새로운 기술을 따라갈 수도 없는데 회사에 눌러앉아 월급만 축내는 저는 그야말로 '민폐'예요……."

초반에는 다소 농담조로 이야기하던 쓰바키 씨였지만, 점점 눈에 눈물이 차더니 결국 손수건을 꺼내 두 눈에 대고 울기 시작했다.

나는 당황해서 황급히 말을 걸었다.

"쓰바키 씨, 일이라는 게 어느 특정 업무가 전부는 아니잖아요. 아까부터 말씀을 들으면서 '이분은 참 차분한 성격이라서, 부서에 이런 사람이 있으면 든든하겠구나' 느꼈어요. 쓰바키 씨의 오랜 경험과 차분한 성격은 분명 부서에 꼭 필요할 거예요. 게다가 엄청난 실수를 하거나 어지간히 근무 태도가 불성실하지 않은 이상, 정년까지 회사에 남아 일하는 건 당신의 권리예요. 만일 그 앱으로 하는 노무관리가 쓰바키 씨에게 전혀 맞지 않는다면, 더 일하기 쉬운 부서로 배치 전환해주는 게 회사의 의무 아닐까요."

이건 위안이나 그냥 하는 말이 아니라, 정신과 의사임과 동시에 산업의였던 경험에서 나온 조언이기도 했다. 그러자 쓰바키 씨는 다소 편안해진 표정으로 말했다.

"어쩐지 모두에게 걸림돌이 된 것 같아서 미안한 마음이 들었던 건데, 정년까지 일해도 되겠죠? 조기은퇴제도를 이용해 그만둬야 하는지 생각 중이었어요."

나는 "물론이죠. 재임용제도까지 이용해서 65세까지 일해도 됩니다"라고 말했다.

일하는 남성과 일하는 여성의 차이

아마도 이 회사에는 쓰바키 씨와 비슷한 나이에, 쓰바키 씨보다 실무 능력이 떨어지는 남성 사원도 있을 것이다. 아주 가끔이지만 나도 친하게 지내는 다른 병원 간호사로부터 "우리 병원 내과부장은 지금 62세인데, 컴맹이라서 전자 진료기록카드를 전혀 못 다뤄. 그래서 부하 직원인 젊은 의사가 전부 입력해준다니까"라는 뒷이야기를 들을 때가 있다.

그 내과부장은 물론 남자인데, 그렇다고 해서 "아, 나는 다른 사람들의 걸림돌이야. 빨리 은퇴해서 젊은이들에게 부장 자리를 내줘야 돼"라며 주눅이 들지도 않는다고 한다. 주눅은커녕 오히려 "이런 걸 잘하는 게 더 이상한 거야"라며 적반하장으로 나오는 모양이다.

이처럼 남성과 여성을 비교해보면, 정년이 임박했거나 재임용 시기가 되어서 "계속 일해도 되는 걸까"라고 고민하는 쪽은 압도적으로 여성이 많지 않을까 생각한다.

하지만 아무리 새로운 시스템에 빠르게 적응하지 못한다 해도, 젊은 사원이 본인의 능력을 뛰어넘는다 해도 지금까지 걸어온 길에 의문을 품고 "(아직 일할 수 있지만) 이제 그만두겠습니다"라며 스스로 물러날 필요는 없다.

댄스 수업이 엄청난 고역이다

: 베테랑 여성 체육교사 이야기

아오바 씨도 그런 여성 중 한 명이었다.

또래보다 젊어 보이는 아오바 씨는 쉰다섯 살로, 오랜 세월 중
학교에서 보건체육교사로 일해왔다. 지금은 남편과 단둘이 살고,
딸이 하나 있지만 사이가 그리 좋지 않아 딸이 결혼해 홍콩으로
간 뒤로 거의 연락도 하지 않는다고 한다.

아오바 씨 남편은 장기 항로를 타는 선원으로, 한번 항해를 나
가면 몇 개월 동안 돌아오지 않는다. 가족들과는 어떻게 지내시냐
고 물었더니, "가족이 있지만 거의 혼자 사는 거나 마찬가지예요"
라고 씁쓸하게 웃으며 대답했다.

"학교 체육선생님이라니 대단하시네요?" 문진표를 보며 내가
묻자, 아오바 씨는 "그렇지 않아요"라며 격하게 고개를 저었다.

"젊었을 때 우연히 소프트볼을 하게 됐고, 대학에서 자연스럽
게 교직이수과정을 듣게 되었어요. 그렇게 해서 체육선생이 되기
는 했는데, 교감 시험이나 교장 시험을 안 봤기 때문에 지금까지
쭉 평교사입니다."

아오바 씨의 고민 또한 "이 직장을 정년까지 다녀도 괜찮을까
요?"였다.

"학습지도요령이 개정되면서 교육과정에 댄스 수업이 의무화된 건 아시죠? 심지어 이제까지 했던 포크댄스 같은 게 아니라, 힙합을 하게 됐어요. 그런데 저는 그런 춤은 정말 못 추거든요……."

"힙합이 젊은 취향의 춤이라서 조기퇴직을 생각했다고요?"

나는 무심결에 "어머, 설마 그럴 리가"라며 웃고 말았다.

그러자 아오바 씨는 심각한 표정으로 말했다.

"물론 춤 자체를 제대로 가르치지도 못하지만, 댄스 수업을 할 때마다 트라우마가 되살아나요. 홍콩에 간 딸이 원래 댄스를 좋아했어요. 그 길로 나가고 싶다고 할 정도였는데, 제가 못 하게 했거든요. 그러고 나서 딸과 관계가 안 좋아지더니, 결국에는 딸이 제 곁을 떠났어요. 그래서 힙합 음악만 들어도 딸 생각이 나고, 너무 힘들어요……."

그런 사정이 있으셨구나. 나는 내 태도가 경솔했음을 사과했다. 이어서 "하지만 직업이니까 따님의 일은 떼어놓고 생각하시면 되지 않을까요?"라고 말해봤지만, 아오바 씨는 진지한 성격이라 "그렇게 한다면 나 자신을 용서할 수 없을 거예요. 아이들에게 무언가가 전해지도록 제대로 가르치고 싶어요"라고 대답했다.

"너무 무리하지 마세요"라는 말이 주는 씁쓸함

동료의 매정한 말도 아오바 씨에게 상처가 된 모양이다.

어느 날, 다른 교과 담당 젊은 여선생에게 자세한 이야기까지는 하지 않고 "댄스는 나랑 안 맞아. 이제 그만둘까? 젊은이들 시대잖아"라고 말했다고 한다. 그러자 그녀의 대답은 이랬다.

"아오바 선생님은 남편분이 외국 항로도 타시고 부자니까, 무리해서 계속 일하지 않아도 되잖아요. 취미 삼아 문화센터에서 체조 같은 것 가르치면서 느긋하게 사모님 생활 하시면 어때요?"

아오바 씨는 이 말을 듣고 심장이 얼어붙는 것 같았다고 한다. 물론 돈도 중요하지만 본인은 결코 돈 때문에 일한 게 아니었다. 게다가 지금 학교에서도 자기 나름대로 필요한 존재라고 생각하며 열심히 일해왔다. 하지만 자기보다 어린 선생이 "돈이 없는 것도 아니면서 언제까지 일하려는 거야?"라고 비난하는 것 같은 기분이 들어서 아오바 씨는 그날 밤부터 잠이 오지 않았다고 한다.

이런 경험 또한 동년배 남성은 그다지 하지 않을 것이다. 설령 아내가 일을 해서 돈을 번다고 해도, 60세 전후 남성에게 "왜 계속 일해? 그냥 그만두고 편하게 살아"라고 말하는 사람은 별로 없다. 여성이 정년까지 일하면 '돈 때문'이고, 그게 아니면 일찌감치 그만두는 것이 당연하다는 사고방식이 같은 여성들 사이에서도,

혹은 젊은 사람들 사이에서도 여전히 남아 있다.

나는 아오바 씨에게 "아무리 힙합을 못 춰도 아오바 씨 같은 선생님이 열심히 가르쳐준다면, 학생들이 그 모습에서 무언가 배울 거예요. 꼭 정년까지 계속 일하세요"라고 말했다.

다른 사람으로 대체할 수 없는 요직이 아니더라도, 현재의 IT 기술과 그 기술을 이용한 업무를 따라가지 못하더라도, 혹은 경제적 사정이 절박하지 않더라도, 여성 또한 지금 다니는 직장에서 정년까지 일할 수 있다.

여성이 일을 하는 것, 일하고 싶어하는 것은 '미안해할 일'도 아니고 '부끄러운 일'도 아니다. 그렇다고 해서 '아주 훌륭한 일'도 아니다. 이는 그저 '당연한 일'이다.

나 또한 대학과 병원에서 "이제 정년입니다"라는 말을 듣는 그날까지 아무렇지 않은 얼굴로 내 자리에 꼭 붙어 있을 것이다.

'계속 일해도 되는 걸까?' 고민이 될지라도

지금까지 걸어온 길에 의문을 품고

스스로 물러날 필요는 없다.

그럴수록 당당하게,

'나이 들어서도 일하는 나, 너무 멋있지 않니?'라고 말해주자.

남편의 정년과 아내의 사정

☆ 가계 수입이 갑자기 줄어든다면

결혼을 했거나 오랫동안 파트너와 함께 산 여성에게 자신의 정년만큼, 아니 그 이상으로 큰 문제가 되는 것이 바로 '남편의 정년'이다. 그 이유 중 하나는 물론, 남편이 정년퇴직하게 되면 수입이 끊기는 문제일 것이다.

"아내가 일을 하고 아직 정년이 남아 있다면, 그리 큰 영향은 없을 것 같아요"라는 의견이 있을지 모르겠지만, 실상은 그렇지 않다.

총무성 통계국이 매년 발표하는 「가계조사」 2017년판을 보면, 이른바 '부부 맞벌이 세대'의 월 평균수입은 60만 8491엔이라고 한다. 나아가 부부 각자의 내역을 보면, 세대주의 수입이 44만 1141엔, 세대주의 배우자 수입이 13만 7767엔으로 세 배 정도의 차이를 보인다. 물론 세대주를 남편으로 할지 아내로 할지는 세대마다 자유롭게 선택하는 것이기 때문에, 이 통계의 세대주가 누구를 가리키는지는 알 수 없다.

단, 이 「가계조사」의 본문을 보면 '세대주(남편)', '세대주의 배우자(아내)'라고 명시되어 있고, 실제 수입 중 아내의 노동 수입은 25.1%라고 쓰여 있기 때문에, 일본 맞벌이 부부의 평균수입은 남편 75%, 아내 25%라고 볼 수 있을 것이다.

그 말은 즉, 남편이 아내보다 먼저 정년을 맞으면 수입의 75퍼센트가 사라진다는 말이 된다. 그리고 수입 전부가 남편 수입으로 성립된 가정이라면, 말할 것도 없이 가계 수입이 하루아침에 뚝 끊기게 된다는 말이다.

남편이 65세가 되면 연금을 받을 수 있겠지만, 그 금액도 그리 크지 않다는 것은 앞에서 이미 언급한 대로다.

정년 후 남편에게 생긴 마음의 변화

심지어 남편의 정년은 가정에 심각한 영향을 끼친다.

일본 사회에서는 여전히 '남자는 일을 해야 한다'는 가치관이 강하기 때문에, 정년이 가까운 남성은 '정년=나 자신이 사라지는 것', '정년=인생이 끝나는 것'이라는 생각에 사로잡히게 되고, 그때부터 마음의 위기를 맞는다.

지인 중 비뇨기과 의사 한 분은 최근 갱년기 남성 외래진료일을 정해놓았는데, 60대 남성들이 몰려들어 큰 성황을 이루고 있다고 한다.

남성의 경우 여성보다 조금 늦은 55세부터 65세에 걸쳐 갱년기 장애가 나타난다. 이 말은 즉, 정확히 정년 직전부터 정년에 해당하는 연령까지 갱년기 증상이 일어난다는 것이다. 갱년기 장애 남성들이 주로 호소하는 증상은 "몸이 뻐근하다", "기력이 떨어지고 불안감이 지속된다"로 보통 신체적, 정신적 증상이 함께 온다.

그 비뇨기과 의사는 남성호르몬인 테스토스테론을 측정해 수치가 내려가면 호르몬제를 처방한다고 하는데, "약 드시면 기운이 다시 날 거예요"라고 말하면 그것만으로도 표정이 밝아지는 남성도 있다고 한다.

어쩌면 그들은 긴 세월 다니던 직장을 정년퇴직하게 되면서, 그들 안의 어떤 '알맹이'가 사라진 것 같은 기분이 들어서 불안감을 느끼는 것 아닐까. 몸 상태가 안 좋아지고 마음이 초조해지던 중에 "남성에게도 갱년기 장애가 있다. 테스토스테론 저하가 그 원인이다"라는 건강 정보를 접하게 되고, 그러면 '이거야!' 싶은 마음에 지푸라기라도 잡는 심정으로 남성 갱년기 외래진료를 찾아가는 것이다.

남성호르몬이 급격히 저하되면 물론 컨디션이 안 좋아진다. 남성호르몬을 보충해 증상이 개선되기만 한다면, 그건 그것대로 좋은 일이다. 하지만 정신과의사인 내가 보기에 남성 갱년기 증상은 너무 모호하다. 여성 갱년기 장애로 나타나는 안면홍조처럼 구체적이지 않다.

어쩌면 증상의 원인은 남성호르몬 때문이 아니라, '슬슬 정년이 다가온다'는 심리적 압박 때문이 아닐까. 어쨌든 그렇게 됐을 때, 뭔가에 의지하고 싶고 어떻게든 해결하고 싶은 건 당연한 일이다.

비뇨기과 외래에서는 의사나 간호사가 그들을 돌보지만, 가정에서는 아내가 정년퇴직 이후 '알맹이'가 사라진 남편을 상대해야 한다. 텔레비전 생명보험 광고를 보면, 아내가 정년을 맞은 남편에게 친절한 말투로 말한다.

"여보, 그동안 수고하셨어요."

광고에서는 서로 마주 보고 행복한 웃음을 짓지만, 현실에서는 남편에게 미소 지을 여유조차 없는 경우가 많다.

"하아, 이제 백수가 됐어. 앞으로 어떡하지."

"이제 부장님이라고 불러줄 부하 직원도 없네."

"아침에 일어나면 어딜 가야 할까."

남편이 뭘 해야 할지 몰라 하고 "이제 내 인생, 끝난 건가"라고 우울해하면, 아내는 "앞으로가 진짜 인생이에요!"라며 위로의 말을 건네거나 때로는 "아들 독립하기 전까진 마음 단단히 먹어야 해요"라며 단호하게 격려한다.

결국 아내가 정년 후 남편의 코치나 카운슬러 역할을 하는 셈인데, 이렇게 되면 아내도 매우 귀찮아진다. 진료실에서도 "정년 퇴직한 남편 시중 들기 지긋지긋하다"는 이야기를 자주 듣는다.

"초반에는 다니던 회사가 사라졌으니 맥이 풀리는 것도 당연하다는 생각에 좋게 이야기했는데, '아, 내 인생도 이제 끝인가 봐'라는 말을 3개월에서 반 년 동안 듣다 보니까 내 생각도 좀 해주지 싶더라고요. 집에 있는 게 싫으면 실버인재센터든 어디든 찾아가서 자존심 같은 건 버리고 단순노동 아르바이트라도 하면 되잖아요. 요즘은 고령자 대상으로 청소나 잡초 뽑기 할 사람도 많이 뽑아요. 그런 일이 정 싫으면, 자원봉사를 하든 바둑 교실에 다니든 뭐든 하면 될 텐데…… 나도 남편 퇴직하면, 이제 뒷바라지할 필요 없으니 플라멩코나 향도 교실에 다녀야겠다고 생각했었어요. 그런데 집 안에서 한숨만 쉬는 걸 보고 있으면, 도저히 나갈 수가 없어서…… 이렇게 계속 살다가는 살의까지 느낄 것 같아요. 선생님, 어쩌면 좋을까요?"

정년 후 남편이 어떻게 살아야 할지 몰라 하는 것이 아내에게 이 정도로 심각한 문제가 되는 것이다.

갑자기 시골 생활을 하자는 남편

개중에는 이날이 오길 기다렸다는 듯 정년과 함께 자유 시간을 만끽하는 남편도 있지만, 그 내용도 문제다.

정년퇴직 이전부터 부부가 충분한 대화 끝에 "정년 후에는 시골에 내려가서 밭이라도 일구며 삽시다"라고 합의했다면 상관없다. 그런데 가끔 남편 혼자서 그런 계획을 품고 있다가, 아내와 상의 한마디 하지 않고 "내년에는 시골 내려가서 살 거야. 자연 속에서 느긋하게 사는 게 최고야"라며 뜬금없이 말하는 경우가 있다.

아내로서는 마른하늘에 날벼락이 따로 없다. 지금처럼 계속 살겠거니 했는데, 시골이라니. 그럼 취미랑 친구들과의 교류도 다

끊고 생활을 바꿔야 하잖아.

"나는 가기 싫어."

"뭐? 둘이서 홀가분하게 살자는데 왜?"

"자기 마음대로 그러면 어떡해……."

결국 부부의 골이 회복될 수 없을 정도로 깊어진다.

갑자기 인터넷에 눈뜬 남편

이와 반대의 경우도 있다. 아내는 남편이 정년퇴직하면 부부
끼리 여행을 다니거나 취미생활을 함께할 생각이었는데, 남편이
서재에 틀어박혀서 책을 읽거나 인터넷만 해서 계획이 틀어진
경우다.

이건 내 지인 부부에게 실제로 있었던 일이다. 일류 기업 임원
직까지 오른 남성이 최근에 정년퇴직을 했다. 남편은 "이제껏 바
빠서 공부할 시간이 없었다"며 도서관과 문화센터에 다니겠다고
했다. 아내는 이곳저곳 여행을 다니고 싶었지만, 앞으로 기회는
얼마든지 있을 테니 남편이 하고 싶어 하는 대로 두었다.

그러던 어느 날, 식사를 하는데 남편이 넌지시 이야기를 꺼냈다.

"당신, 몰랐지? 지금 일본 언론이 한국과 중국한테 휘둘리고 있

는 거야. 저것 봐. 지금 나오는 저 기자도 사실은 한국인이라고. 일본 비판만 하잖아. 조만간 일본을 빼앗으려고 세뇌하는 거야. 당신은 내 아내니까 이런 공작에 속지 말았으면 좋겠어."

도대체 무슨 소리를 하는 건지 알 수가 없었다. 하지만 그때부터 남편은 봇물 터지듯 '일본을 지배하려는 중국과 한국' 이야기를 밤낮 안 가리고 하기 시작했다. 그러다가 결론은 꼭 "지금까지 속고 있었어", "이제는 진실이 뭔지 알게 됐어"로 흘렀다.

아내는 남편이 나이가 들면서 완전히 딴사람이 되다 못해 이상한 사람이 돼버린 것 같아 슬프고 무섭기까지 했다.

어느 날 독립한 아들이 놀러 왔기에 남편이 자리를 비운 사이 "아버지 요즘 이상해"라며 그간의 이야기를 해보았다. 그 말을 듣고 아들은 바로 "아, 그거 인터넷에 세뇌당한 거야. 넷 우익('인터넷 우익'의 줄임말인 넷 우익은 인터넷을 기반으로 하여 제노포비아, 국수주의적 성향을 띠는 이용자를 말한다 – 옮긴이 주)이 된 거라고"라고 말했다. 아들 말로는 인터넷을 조금만 검색해보면 남편이 요즘 하는 이야기에 관한 동영상이나 블로그가 무수히 쏟아진다고 한다. 그런 정보를 하나씩 읽어보다가 '넷 우익' 사고에 완전히 빠져버린 것이다. 이는 한번 빠지면 그와 비슷하거나 더 과격한 정보만 접하게 되기 때문에 그런 성향이 더 강해진다고 한다.

"큰일났네. 어떻게 해야 그만둘까?"

아내가 묻자, 아들은 차갑게 웃으며 말했다.

"아니, 아마 불가능할걸. 그걸 보는 게 낙이 돼버렸는데 어떻게 그만둬. 도저히 못 보겠다 싶으면 이혼하는 수밖에 없지."

아내는 망연자실해서 "정년 후에 내가 이렇게 살 줄이야……" 라며 아들 앞에서 울음을 터뜨렸다고 한다. 결국 이혼까지는 하지 않았지만, 아내는 그 후 90대와 80대 후반인 부모님을 돌보기 위해 친정으로 돌아가버렸다.

이 또한 정년퇴직을 하면서 '알맹이'가 사라진 남편이 대체할 만한 것을 너무 급하게 구한 나머지, 터무니없는 인터넷 정보에 완전히 젖어버린 슬픈 사례다. 단, 이러한 경우 최대 피해자는 역시 그의 아내인 '여성'일 것이다.

이렇듯, 여성에게 남편의 정년은 인생의 커다란 전환점이 될 수 있는 중요한 사건이다. 이를 잘 극복하려면 정년퇴직하기 전부터 '정년 이후 어떻게 살면 좋을지' 부부간에 충분한 대화를 나누는 일이 중요하다. 그리고 그보다 더 중요한 건 **정년 후에 어떤 일이 생기든 와르르 무너지지 않도록 '나는 나'라며 본인 스스로를 꽉 붙들고 있어야 한다는 점이다.**

친구, 취미, 직업, 좋아하는 음악과 드라마, 지금 하고 있는 운동, 마음에 드는 책이나 영화. 그런 '나만의 아이템'이 많은 사람일수록 남편의 정년 후에 무슨 일이 일어나든, 아니면 아무 일도 일어나지 않든 그에 휘둘리거나 크게 실망하지 않을 것이다.

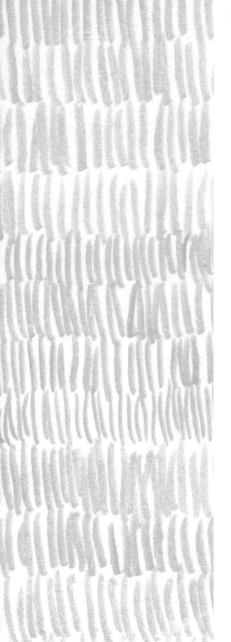

✮ 2장 ✮

나이 듦으로부터
도망치다

그래도 나는 아직 젊고 싶다

나이가 어떤 선택에 영향을 미치는 일은

거의 없다.

하지만 남의 눈은 신경이 쓰인다.

안쓰러운 사람이라고 여겨지기는 싫다.

매일 무엇에 신경을 쓰고
무엇을 무시하며 사는 게 좋을까.

이 나이의 패션, 무엇을 입을 것인가

☆ 2008년,《JJ》를 발행하는 고분샤에서 《HERS(허스)》라는 월간지를 창간했다. 이 잡지의 타깃은 40대 후반부터 50대 여성. 잡지 소개글을 보면 "어른 여성을 위한 새로운 여성지. 육아를 끝내고 자신을 위해 매일을 어떻게 즐길까 고민 중인 40대 후반 이후의 여성들. 진짜를 아는 HERS 세대를 위한 패션에서 화장품, 인테리어, 컬처에 이르기까지 다양한 정보를 고급스러운 비주얼과 내용으로 구성했습니다"라고 적혀 있다. 잡지를 펼쳐보면, 정말 그 세대 여성들을 위한 패션과 메이크업 방법을 제안하거나 이상적인 라이프스타일을 갖춘 같은 세대 여성의 인터뷰가 실려

있다. 모든 페이지가 말 그대로 '반짝반짝'거리고, "나이를 먹을 만큼 먹었다", "늙는 게 느껴진다" 같은 말들이나 이미지는 전혀 없다.

예를 들어보면, 2016년 12월호 특집은 「패션진화론」이다. "배색, 가방 등의 소품, 액세서리로 50대에도 더욱 '진화'할 수 있다. 파티에도 더 자주 참석하자" 같은 패기 넘치는 기획이었다.

또한 1970년대에 모델과 배우로 활동했고 가수로서 「빗소리는 쇼팽의 음율」이라는 노래를 히트시켰지만, 1991년에 결혼하면서 연예계 은퇴를 선언한 고바야시 마미가 25년 만에 이 잡지의 표지 모델로 컴백했다. 현재 62세라고는 하지만 세련된 스타일에 투명한 아름다움, 멋에 대한 뜨거운 열정은 예전 그대로라고 했다.

과거에는 나이를 숨기고 활동하는 여배우와 가수가 적지 않았지만, 지금은 대부분 자신의 생년월일을 당당히 공개한다.

하지만 막상 이 사람들의 실제 나이를 알게 되면, 보통 "뭐? 저 사람이 50대 후반이라고?", "아니, 그 사람이 60대라니……"라면서 놀라기 마련이다.

핑크색 머플러를 사면 안 된다고?

요즘 50~60대 여성은 자신의 나이를 잊은 것 같다. 아, 물론 서류에 나이를 기재해야 할 때는 '52세'라고 정확히 쓸 테니 정말로 잊어버렸다는 의미는 아니다. 52년 동안 살았다는 건 사실이지만, '52'라는 숫자는 하나의 기호에 불과하지 그 이상의 의미는 없다는 말이다.

예를 들어 나는 현재 쉰일곱 살인데, 누군가 "몇 살이세요?"라고 물었을 때 "내가 몇 살이더라⋯⋯" 하는 경우는 물론 없다. 그렇다고 해서 일상생활을 하는 데 쉰일곱이라는 나이가 걸림돌이 된 적도 거의 없다.

한 학생이 "선생님도 단톡방에 들어오세요"라고 하면 "오케이"라며 바로 들어가고, 전철역 안의 가게에서 체크 머플러가 눈에 들어오면 '예쁘다'면서 충동구매할 때도 있다. 이때 핑크색과 감색 두 가지 컬러가 있다면 아무래도 감색을 고르겠지만, 만일 두 개를 거울에 비춰보고 '핑크색이 어울리네' 싶으면 그걸 고를 가능성도 있다.

"쉰일곱 살이니까 이러면 안 돼"라는 식으로, 나이가 어떤 선택에 영향을 미치는 일은 거의 없다.

폐경 시기는 변하지 않는다

그렇다고 해서 '이러면 안 되는 것 아닐까' 하는 마음이 아예 안 드는 건 아니다. "나는 나이에 연연하지 않아"라고 아무리 말해도, 결국 두 가지 면에서 벽에 부딪힌다.

첫 번째는 바로 '몸은 정직하다'는 사실이다. 분명 50년 전의 50세와 지금의 50세는 외모나 라이프스타일 전부 완전히 다르다. 하지만 건강 면에서는 어떨까.

예를 들어, 여성은 40대 후반부터 50대 후반에 '폐경'이라는 시기를 맞이한다. 난소가 생식을 위해 난자를 내보내지 않고, 자궁이 수정란을 맞이할 준비를 더는 하지 않는 것이다. 이로 인해 뇌에서 난소로 보내던 호르몬도 멈추게 된다.

여성이 갱년기를 겪는 연령은 옛날이나 지금이나 바뀌지 않았다. 불임 치료가 진보하면서 40대 후반에도 임신하는 여성이 늘고 있지만, 이를 위해서는 더 이상 뇌와 난소에서 분비되지 않는 호르몬을 내복약이나 주사로 보충해야 한다. 그리고 이는 여성의 몸을 꽤 불편한 상태로 만든다. 자연임신이 가능한 연령은 전혀 높아지지 않았다.

골밀도 저하나 기억력 감퇴도 마찬가지로 40~50대가 되면 어김없이 시작된다. 흰머리가 늘고 주름과 기미가 생기는 것 또한 예나 지금이나 바뀌지 않았다.

이 나이대가 되면 여성은 대장암이나 폐암에 걸릴 확률 또한 높아진다. 평균 수명이 조금 늘었다고 해도, 50년 전에 비해 두 배로 늘어난 건 아니다. 여성들이 50대, 60대, 혹은 70대, 그보다 더 오래 건강하게 살았다고 해도 80대 이상이 되면 대부분 병에 걸리거나 컨디션이 악화되고, 90대가 될 즈음에는 대부분 간병이 필요하거나 인생의 마지막을 맞이한다. 그 잔혹한 현실은 전혀 바뀌지 않은 것이다.

"저 사람 안쓰럽다"라는 말은 심하다

문제가 하나 더 있다. 50대가 되어도 젊을 때의 모습 그대로인 여성을 주변에서 어떻게 보는가 하는 문제다.

물론, 기본적으로 남의 눈 따위는 신경 쓸 필요가 없다. 핑크와 감색 머플러를 거울 앞에서 대보고 '역시 핑크가 낫다'고 느끼면, 그걸 사서 두르면 된다. 하지만 만일 그런 차림으로 모임에 나갔는데, 거기 있던 남성이 이렇게 비꼬면 기분이 어떨까.

"스무 살 아이나 할 것 같은 머플러네. 조카 머플러라도 빌렸어?"

이 말을 듣고 "뭐 어때. 내 마음에 들면 되지"라고 받아치면 좋은데, 아무래도 쉽지가 않다. '패션에도 TPO가 있다고 하잖아. 나 잇값을 좀 할 걸 그랬나'라는 생각에 창피한 기분이 들 수도 있다.

누군가 나를 보며 '저 사람, 안쓰럽다'고 생각하는 건 싫다. 나이의 속박에서 해방된 우리지만, '몸은 정직하다'는 잔혹한 사실은 여전하다.

그래도 남의 눈은 신경이 쓰인다. 안쓰러운 사람이라고 여겨지기는 싫다. 그렇다면 매일 무엇에 신경을 쓰고 무엇을 무시하며 사는 게 좋을까.

젊어 보이는 옷과 좋아하는 옷 사이에서

"옷 어디에서 사?"

50대가 되고 나서 또래 친구들과 모이면 반드시 나오는 화제다. 물론 정해진 답이 있는 게 아니라서, 늘 똑같은 말을 주고받다가 푸념이 한 차례 터져 나오고, 결국에는 "내가 사고 싶은 곳에 가서 사야지 뭐"로 마무리된다.

그렇다면 그 자리에서 나오는 똑같은 말과 푸념이 뭔지 열거해

보겠다.

- 무심코 젊었을 때 좋아했던 매장에 발길이 간다. 거기 진열된 신상품이 멋져 보인다. 그러나 20~30대를 대상으로 한 옷이라서 지금의 나에게는 어울리지 않는다. 그래도 한번 입어보면, 매장 직원이 친절하게 "너무 잘 어울리네요!"라고 말해서 객관적으로 판단하기가 어렵다.

- 윈도 쇼핑은 더욱 위험하다. 예뻐서 눈에 들어온 옷, 저렴하지만 세련돼 보이는 옷과 나에게 잘 어울리는 옷은 전혀 다르다.

- 어느 정도 나이가 들었는데 너무 저렴한 옷을 입으면 그건 그것대로 이상해 보일 수 있다. 마트 의류 코너에서만 쇼핑하는 건 위험하다. 그런 곳에서 파는 옷은 유행과 상관없이 허리가 고무줄로 된 롱스커트나 품이 넉넉한 튜닉 드레스가 대부분이기 때문에, 젊었을 때 패션에 신경 쓰던 내가 입기엔 너무 슬프다.

- 50대를 대상으로 한 패션잡지를 보면 프라다, 구찌, 샤넬 등 하이패션 브랜드가 많이 실려 있다. 물론 멋지지만 가격을 생각하면 너무나도 비현실적이다.

- 가장 적합한 건 유니클로나 무인양품의 베이식 아이템인데 그것만 입기에는 질린다. 주변 사람들이 금방 "어, 유니클로네"라며 알아차린다.

이렇듯 대화는 "저렴하고 예쁜 옷은 젊은 세대 대상이다", "사람들이 50대가 입을 만한 옷이라고 여기는 옷은 입기 싫다", "일류 브랜드 옷은 누가 봐도 중년을 대상으로 하지만 너무 비싸다", "그렇다고 유니클로만 입기에는 한계가 있다"라는 식으로 흐르다가, 결국 "뭘 입어야 할지 모르겠다"라는 결론에 이른다.

그리고 또래 친구들과 이야기할 때 꼭 나오는 말이 "아무리 입을 줄 몰라도 손에 잡히는 대로 대충 입으면 안쓰러워 보인다. 우리는 그러지 말자"이다. 친구들 모두 "안쓰러워 보이는 것만은 피하고 싶다"라고 말한다.

이 '안쓰럽다'는 말은, 본인은 모르지만 타인이 봤을 때는 이상해 보인다는 의미로 생각하면 될 것이다. 또한 뒤늦게 깨닫고는 나 자신이 부끄럽고 주책인 것 같아서 얼굴이 빨개지거나 시무룩해졌을 때도 "아, 안쓰럽다"라고 표현할 수 있다.

자각적 의식과 타인의 평가가 뒤섞여 발생하는 미묘한 감정 상태. 그것을 '안쓰럽다'라고 표현한다. 하지만 이 **안쓰러워지는 걸 피하고 싶은 마음 때문에 느끼는 수치심이나 자제력이 여성을 또 괴롭히기도 한다.**

서양 여성들은 나이에 연연하지 않고 좋아하는 패션을 즐긴다는 말을 자주 듣는다. 70~80대로 보이는 여성이 화려한 꽃무늬에 노출이 심한 원피스나 비키니 수영복을 당당히 입고 있는 사진을 본 사람이 있을 것이다. 그렇다면 이 사람들도 안쓰러운 것일까. 타인의 시선으로 보면 그렇다고 할 수 있을지 모르겠다.

"와, 우리 엄마보다 훨씬 나이 많은 여성이 프릴 달린 블라우스에 미니스커트라니. 뭐 깔끔해 보이기는 하지만 좀 안 어울리지 않아?"

이런 생각을 하는 건 그 사람의 자유다. 그러나 정작 그 여성은 전혀 신경 쓰지 않는다. 어쩌면 '나 이 옷 너무 잘 어울리네?'라고 생각할지도 모른다. 나중에 "다른 사람들이 비웃었어요"라고 알려 줘도 창피해하기는커녕 아마도 "무례하시네요!"라고 화내지 않을까. 그렇다면 이는 '안쓰러운 것'과 이야기가 달라진다. 그런 여성이라면 나이 때문에 스트레스도 받지 않을 것이다.

일본 여성에게도 "주위 사람들이 뭐라 하든 입고 싶은 걸 마음껏 입어"라고 말하면 되겠지만, 자의식이 날카롭고 늘 남의 눈을 신경 쓰는 우리는 그렇게까지 자유롭지 않다. 그렇기에 '어떡하지? 뭘 입을까?' 하며 고민하는 것이다.

'미마녀'는 싫지만 '아줌마'도 싫어

⭐ 한편 몸과 얼굴을 젊게 꾸미며서 요즘 유행하는 옷과 화장에 맞춰보려는 '자기 개조파'도 출현하게 된다. 그들의 욕망을 채워주는 것이 바로 '안티에이징'이라 불리는 의료, 미용기술이다. 예전에 비해 현저히 진보한 것 중 하나가 여자의 미용이다. 화장품이나 화장 소품, 피부 관리와 마사지, 영양제 그리고 프티 성형이나 본격적인 성형수술, 넓은 의미로는 매년 새로운 방법이 등장하는 다이어트나 다양한 운동법, 요가 등도 '미용'이라고 해도 될 것이다. 어느 분야든 해마다 더 나은 것, 더 손쉬운 것이 출시되고 있으니, 어쩐지 수많은 여성들이 쉽게 아름다워질 수 있는 시대가

온 것처럼 보인다.

또한 여성이 본인의 수고와 돈을 들여서 예뻐지는 것에 대한 사회의 시선도 관대해졌다. 예를 들어 불과 얼마 전까지만 해도 화장한 얼굴과 맨얼굴이 크게 다르면 "아무리 화장한 얼굴이 예뻐도 가짜다"라는 편견이 특히 남성들 사이에서 심했다. 그래서 여성도 자신이 내추럴 메이크업을 지향한다는 걸 더욱 강조했고, 프티 성형을 했다는 것도 비밀로 해야만 했다. 그런데 최근 젊은 여성들은 마스카라나 아이라인, 눈을 커 보이게 하는 인조속눈썹을 붙이고, 그걸 당당히 말하고는 한다.

지난번 텔레비전의 한 프로그램에 출연했을 때, 영상에 연예인 같은 스타일의 40대 여성이 등장했다. 스튜디오에 있던 남성들은 모두 "우와, 미인이시네요. 20대로 보여요!"라며 호들갑을 떨었다. 그런데 그중 한 여성 출연자가 냉정히 말했다.

"음, 이분은 성형미인이네요."

즉 보톡스로 주름을 없애고 처짐 방지 리프팅 시술을 받은 다음, 고급 화장품과 발군의 실력으로 화장을 한 모습이라는 것이다. 남성들은 "실례되는 말이에요!"라며 그녀를 나무랐지만, 그 30대 여성 출연자는 '뭐가 어때서요?'라는 표정으로 말을 이었다.

"이게 뭐 어때서요. 성형미인은 노력의 결정체예요. 저도 얼굴이 변하기 시작하면 바로 시도할 거예요."

그녀의 설명에 따르면, 요즘 이른바 '미마녀(40대 여성을 대상으로 한 패션잡지에서 처음 만든 신조어로, 외모와 능력을 갖춘 35세 이상의 여성을 말한다 – 옮긴이 주)'라고 불리는 40~50대 여성들이 실제 나이보다 열 살은 더 젊어 보이는 외모 때문에 화제가 되고 있는데, "평소에 아무것도 안 해요"라고 하는 말은 전부 거짓이고 그들 나름의 수고와 노력을 들인다고 한다.

나이 듦에 대한 불안을 돈으로 해소하다

영상에 나온 여성이 정말 성형미인인지 아닌지는 알 수 없다. 하지만 그걸 지적한 여성은 성형을 해서라도 젊어지려는 사람을 비난하지 않는다고 말했다. 심지어 "나 또한 조금이라도 늙으면 바로 하겠다"라고 했다. 그래서 그런지 그녀에게는 '늙는 것에 대한 불안감'이 느껴지지 않았다.

이렇게 미용의 진보는 못생겨지는 것에 대한 불안과 늙는 것에 대한 불안에서 수많은 여성들을 해방시켰다. 또한 이는 이제까지 방법이 없었던 '타고난 외모'에 관한 문제까지 해결해주고 있다.

내 지인 중 '전신 성형미인'이라고 해도 될 정도로 성형을 좋아하는 여성이 있는데, 그가 말했다.

"요즘은 돈만 들이면 얼마든지 예뻐질 수 있어. 얼굴 윤곽, 눈과 코 모양, 가슴 크기나 모양, 팔과 허벅지 굵기, 피부색, 피부결 등 뭐든 하고 싶은 대로 할 수 있다고. 아, 키 크는 건 불가능하다고 하지만 그것도 어떻게든 할 수 있을걸. 그러니까 이제는 '부모를 닮아서 그렇다'든가, '타고나기를 이렇게 타고났다'는 말은 변명거리도 되지 않아. 나는 그렇게 한탄만 하는 사람에게 말하고 싶어. '그럴 시간 있으면 더 열심히 돈과 정보를 모아서 본인 마음에 드는 얼굴과 스타일을 찾으세요'라고."

이제 미용 분야에서 불가능한 건 없다. 아니, 딱 하나 있다. 아무리 돈과 시간을 들여도 절대 손에 넣을 수 없는 것, 그건 바로 진정한 의미의 '젊음'이다. 물론 이런저런 노력을 한다면 '젊어 보이는' 얼굴과 스타일은 가능하겠지만, 그건 어디까지나 보이는 곳만 그럴 뿐, 실제 나이까지 바꿀 수는 없다.

그런데 최근 들어서 진정한 젊음을 영원히 유지해야 한다고, 또한 그렇게 될 수 있다고 믿는 사람이 나오기 시작했다.

'속까지 젊어지고 싶다'는 마음의 그늘

내 지인 중 내과 클리닉을 운영하는 원장은 최근 '안티에이징과'를 신설한 이후, 많은 환자들이 몰리고 있다고 한다.

그중 가장 인기 있는 시술은 혈액을 쌩쌩 잘 돌게 해주는 혈액 클렌징, 내장 대청소로 노폐물을 몰아내는 고압 관장이라고 한다. 그 외, 세포 노화를 방지하는 효소가 들어간 영양제, 영원히 젊고 아름다운 몸을 유지하기 위한 영양 교육 클래스 등도 큰 인기라고 했다.

"성형외과는 외모만 가꿔주지만, 우리 병원은 속부터 젊어지게 해주거든. 호르몬으로 아름다움을 손에 넣는다 이거지." 지인은 자신만만하게 말했다.

물론, 미용기술과 의료기술이 진보하면서 **외적으로나 내적으로 젊음을 되찾겠다는 사람이 늘어나는 것 자체는 나쁜 것이 아니다. 분명 질병 예방에 도움이 될 테고, 무엇보다도 '젊어져서 좋다!'는 심리적 효과가 스트레스 해소에 절대적으로 도움이 된다.**

실제로 지인의 병원에서 젊어지는 의료서비스를 받은 사람들은 그 만족도가 매우 높아서 "받기를 잘했어요. 주변 사람들 모두 생생해 보인다고 하더라고요", "기대 이상으로 몸이 가뿐해졌어요"라며 기뻐했다고 한다.

그러나 모든 일에는 빛과 그늘이 있다. 더 예쁘게 해주고 젊음을 유지하는 데 도움을 주는 미용기술과 의료기술이 발달할수록, 이런 생각을 하는 여성들이 많아질 것이다.

"늙는 건 자연스러운 게 아니라 나쁜 거야."

"노력하면 누구나 예뻐질 수 있는 시대라는데, 내 노력으로는 한계야. 예뻐지려고 노력하지 않는 나는 게으름뱅이야. 여자 자격도 없어……."

반복해서 얼굴에 칼을 대는 심리

어느 피부미용과 의사가 흥미로운 이야기를 해준 적이 있다. 요즘 주부나 직장 여성 중에는 거울을 보다가 주름 하나만 발견해도 허둥지둥 달려와서 "어쩌지, 언제 이런 게 생긴 거지? 빨리 어떻게든 해주세요"라고 하는 사람이 있다고 한다. 드물지만, 누웠을 때와 일어나 있을 때의 얼굴을 손거울로 비교하면서 "평소에도 누워 있을 때처럼 중력의 영향을 받지 않는 얼굴로 만들어주세요"라며 수술을 거듭하는 사람도 있다. 반복해서 얼굴에 칼을 대면 위험하다고 말해도 "괜찮아요. 무조건 젊은 얼굴로 되돌려주세요!"라며 억지를 부리기도 한다.

설령 얼굴이 무너져 엉망이 된다고 해도, "무조건 예뻐지고 싶다", "젊어지기 위해 한시도 가만히 있어서는 안 된다"라고 하기 시작하면 더 이상 가망이 없다.

그런 생각에 사로잡힌 여성들을 보면, 피부미용 전문가인 의사도 순간 섬뜩해진다고 한다. 그들에게 늙는다는 건 그 자체가 불길한 것, 어떻게 해서라도 피해야 하는 것이기 때문이다. 느긋하게 진행되는 노화조차도 전혀 받아들이지 못한다. 또한 본인이 이상적으로 생각하는 '아름다움'의 기준이 있어서 반드시 그것을 손에 넣어야 한다고 믿는 것이리라.

하지만 그러다가 돈과 여유를 잃고, 끝내 진정한 아름다움은커녕 건강까지 잃게 되기 쉽다. 그들은 그 사실을 깨닫지 못하고 있다.

젊을수록 가치가 있다는 생각

이렇듯 사람들은 늙는 것과 아름다움을 잃는 것에 지나칠 정도의 공포심을 가지고 있다. 그 배경에는 '늙는 건 나쁘다'는 생각과 '젊으면 젊을수록 가치가 높아진다'는 사고방식이 뿌리 깊게 박혀 있다.

최근 연예계나 스포츠 분야에서 10대의 활약이 두드러진다. 아직 10대 초반밖에 되지 않은 소년, 소녀들의 산뜻한 모습이 텔레비전에 나올 때마다 '역시 젊다는 건 그 자체로 좋은 거야'라고 느끼는 사람도 늘어날 것이다.

그런 생각이 들면, 그다음엔 이렇게 중얼거리며 한숨을 쉬겠지.

"아, 나이 먹기 싫다. 늙는 건 나쁜 거야. 절대로 피해야 돼."

하지만 아무리 미용업계와 의료계가 진보하고 새로운 영양제와 운동법이 끊임없이 만들어진다고 해도 시간을 되돌리는 것만은 불가능하다.

누구나 내일이 되면 오늘보다 하루 더 나이가 든다. 그 결과 주름이 생기고 피부가 처지며, 흰머리가 생기고 나아가서는 병에 걸리고 몸이 불편해진다. 이는 당연한 일이다. 이 잔혹한 사실만은 아무리 본인이 셀러브리티나 커리어 우먼이라고 해도 바꿀 수 없다. 노력을 하든 안 하든 50년 산 사람은 쉰 살이고, 70년 산 사람은 일흔 살이다.

그럼에도 불구하고, 노력하면 예뻐지고 젊어질 수 있다고 맹신하면서 터무니없는 돈과 시간을 들이며 젊음을 손에 넣으려는 여성은 분명 삶이 괴로울 것이다. 나아가 '더 젊고 예뻐지려는 노력을 하지 않는 나는 여자로서 자격이 없다'며 자신을 질책하는 사람도 살기 괴로운 건 마찬가지다.

나이 듦과 잘 사귀는 법

　여성은 왜 있는 그대로의 모습으로 있지 못하는 걸까. 여기서 내 이야기를 조금 해드리고 싶다.

　나는 마흔이 될 무렵부터 늙는 것 때문에 이런저런 스트레스를 받기 시작했다. 주름, 기미, 흰머리, 오십견, 체중까지 증가하면서 기성복 사이즈도 크게 달라졌다. 게다가 심각한 노안까지……. 이 증상들이 한꺼번에 시작돼 갈팡질팡하던 중 홍조 같은 갱년기 증상까지 생기고 말았다. 건강검진을 위해 혈액검사를 할 때마다 매년 새로운 항목에서 '재검사' 판정을 받았다.

　하지만 나는 원래 오는 것은 막지 않는 인간이라서 특별히 놀라거나 슬퍼하지는 않았다. 노안이 심해지면 안경을 꼈고, 흰머리가 너무 눈에 띄면 새치 염색을 했다. 그렇게 하나하나 대처하면서 몸 전체에 시작된 변화를 멍하니 보고 있을 뿐이었다.

　내가 나 자신의 늙음에 이렇게 무관심한 데에는 또 하나의 이유가 있다. 그건 바로 진료실에서 "늙으면 어쩌지"라는 불안에 사로잡혀 극심한 스트레스에 시달리는 사람들을 많이 봐왔기 때문이다. 그들 모두 젊음과 아름다움에 지나치게 집착한 결과 마음의 병을 얻은 것이다.

예뻐지고 싶다는 생각이 나쁜 건 아니지만, 거울을 보다가 주름 하나만 발견해도 "꺅! 어떡해!"라며 공포에 질리는 것은 절대 아름다운 모습이 아니다. 누구든 그런 사람보다는 주름이 많아도 제 나이에 맞게 온화하게 웃는 사람이 더 예쁘다고 생각할 것이다.

나이 듦을 두려워하는 사람에게 전하고 싶은 말

'미마녀 열풍'이 도대체 누구를 위한 것인지도 다시 생각해보면 좋겠다.

대학에서 학생들과 미마녀가 실린 잡지를 본 적이 있다.

"이 사람 몇 살 같아 보여? 무려 마흔여덟 살이래!"

"거짓말! 우리 엄마보다 연상이라고? 멋있다."

학생들은 겉모습과 실제 나이의 차가 너무 커서 한바탕 난리가 났지만, 그들 모두 어디까지나 남의 일이기 때문에 이런 반응을 보인 것이다. 학생들에게 "그럼 너희 어머니도 미마녀가 됐으면 좋겠니?"라고 물어보니, 의외의 대답이 돌아왔다.

"아니요. 지금 이대로가 좋아요."

"엄마가 이렇게까지 젊고 예쁘면 딸로서 압박이 느껴질 것 같아요."

"남자친구가 '엄마가 더 예쁘네'라고 할 것 같아요."

즉, 가끔 미마녀를 보면 놀랍기는 하지만 나와 가까운 연상의 여성인 엄마는 굳이 그렇게 애쓰지 말고 나이에 맞는 자연스러운 모습으로 있어주기를 바란다는 것이다. 마음만 먹으면 나도 언젠가 미마녀가 될 수 있다는 선택지는 갖고 싶지만, 꼭 그렇게 돼야 한다는 압박감은 느끼기 싫다. 요즘 학생들이 이렇게 생각하는 걸 보면, 균형 감각이 꽤 뛰어난 것 같다. 하지만 그런 마음을 정작 젊어지고 싶어하는 당사자에게 이해시키기란 쉬운 일이 아니다.

진료실에서 40~60대의 '미마녀 희망자'가 "다이어트하기 너무 힘들다", "늙는 것이 무섭다"라고 말하면, 나는 "뭐 어때요. 지금 이 모습도 자연스럽고 좋아요"라고 말한다. 하지만 그들은 "해이해지는 게 싫어요. 가족들도 내가 젊어지길 바랄걸요"라고 심각하게 말한다.

그 사람들은 정작 자신의 딸이나 아들, 혹은 남편 등 가까운 가족의 속마음을 들여다본 적이 있을까. 어쩌면 그들 가족은 '엄마, 너무 애쓰지 마', '얼굴이랑 몸에 주름이 있는 엄마가 더 편해' 하고 생각하지 않을까.

미마녀가 되겠다고 숨 막히는 생활을 하기 전에 나 자신에게 이런 질문을 해보면 어떨까.

"이건 누구를 위해 하는 걸까?"

"주위 사람들은 이걸 바라고 있을까?"

"설령 아름다움을 손에 넣는다고 해도 마음의 여유가 사라질 텐데…… 아름다움에 집착하면 과연 행복할까?"

내일이 되면 오늘보다 하루 더 나이가 든다.

주름이 생기고 피부가 처지며,

흰머리가 생기고 몸이 불편해진다.

이 잔혹한 사실만은

본인이 누구일지라도 절대 바꿀 수 없다.

성희롱에 정년은 없다

★ 이 시점에서 한 가지 짚고 넘어가고 싶은 게 있다.

영원히 젊고 싶다는 여성의 욕망 안에는 '인간으로서' 뿐만 아니라 '여성으로서'라는 측면도 포함되어 있을 것이다. 반대로 이세상에는 여성이 중년이나 노년이 되어도 '여성으로서' 희롱을 당하거나, 경우에 따라 성범죄 피해자가 될 가능성도 있다.

물론 이것은 여성의 잘못이 아니다. 그들은 일방적인 피해자고, '대체 몇 살까지 상처받아야 하느냐'며 남몰래 괴로워하는 여성도 있다는 사실을 잊지 말아야 할 것이다.

"당신한테는 성희롱 안 해"라는 성희롱

2018년 4월, 일본 재무성 사무차관이 여성 기자를 성희롱해서 큰 문제가 되었다. 당시 야당 여성 의원들을 주축으로 항의 집회가 열렸는데, 집회에 참석한 의원들은 검은 옷을 차려입고 미국 성희롱 고발 운동에서 배운 '#Me Too(미투)'라고 적힌 플래카드를 들고 있었다.

문제는 그날 밤에 일어났다. 자민당의 50대 남성 중견 의원이 트위터에 집회 현장을 찍은 사진을 올리며 이렇게 적은 것이다.

"성희롱은 있어서는 안 됩니다. 제가 보기엔, 적어도 여기 계신 분들은 성희롱과 인연이 멀어 보입니다. 저는 여러분을 절대로 성희롱하지 않을 것을 선언합니다!"

20~30대 국회의원 비율은 매우 적다. 이 집회 사진에 찍힌 사람도 대부분 50~60대 여성 의원들이었다. 마치 "이 나이 여성들은 희롱당할 가치도 없다"라고 말하는 듯한 남성 의원의 발언에 많은 사람이 반론을 제기했다.

"이런 발언 자체가 노인 차별이다", "섹시하지 않다고 말하고 싶은가 본데, 여성에게 그런 말을 던지는 것도 성희롱이다" 등의 비판이 쇄도했다. 이에 대해 남성 의원은 "이분들께 성희롱하지 않겠다고 선언한 게 성희롱이 되는 시대인가요? 하지 않겠다는데 성희롱이라고요? 전혀 이해가 안 가네요. 안 해요, 하지 않을 거라고요"라고 멘션을 달았고, 이에 대한 멘션 또한 폭발적으로 늘었다.

결국 남성 의원이 "많은 의견을 읽었습니다. 제 자신의 발언 자체가 성희롱에 해당한다는 지적을 진지하게 받아들여, 기분이 상하신 분과 사진에 게재된 여성 의원 여러분께 진심으로 사과드리겠습니다. 정말 죄송합니다"라고 사과한 건 그로부터 이틀 뒤의 일이었다.

그 며칠 동안 자신의 발언이 성희롱이라는 걸 진심으로 깨달은 건지 아닌지는 알 수 없지만, 반론이 쇄도하자 주변 사람들에게 "사죄하는 편이 낫지 않겠냐"라고 충고를 받은 건지도 모를 일이다.

이렇듯 중년과 노년 여성도 성희롱을 당한다. 잔혹하지만 "더 이상 성희롱 대상이 아니다"라든가 "당신과 함께 샤워를 해도 아무 일도 없을 것"이라는 등 성적 매력이 없다는 식의 성희롱이 여전히 일상적이라고 해도 될 만큼 많이 일어난다. 나조차도 가벼운 농담으로 "선생님 나이에는 남자와 같은 로커룸에 있어도 아무렇지 않죠? 아, 그건 아닌가?"라는 말을 들은 적이 있다. 그 자리에서는 "그렇죠. 오히려 남성 의사가 무서워하지 않을까?"라고 농담으로 넘겼지만, 시간이 지나고 나서 아무리 그래도 너무 심했다고 생각한 적도 있다.

치한을 만났다는데 비웃음을 당하다

예전에 전철에서 치한을 만났다는 여성이 진료실에 상담을 받으러 온 적이 있다. 당시 그는 아마도 60대 초반이었을 것이다. 요양원으로 출근하던 길이었는데, 만원 전철에서 분명 누군가가 부자연스러운 손길로 엉덩이를 만졌다고 했다. 작은 목소리로 "하지 마세요"라고 말하자 손길이 멈췄다.

하지만 그보다 더 충격이었던 건, 주위에 있던 젊은 남성들이 키득하고 웃었다는 점이다.

"이런 아줌마를 희롱하다니 바보 아니냐고 생각한 건지, 아니면 아줌마가 오버한다고 생각한 건지 모르겠어요. 어느 쪽이 맞든, 치한을 만났다는데 비웃는 게 말이 되나요?"

그 후로 그녀는 스스로에 대한 자신감을 잃었다. 무슨 일을 하든 누군가가 자신을 무시하는 건 아닌지, 비웃고 있는 건 아닌지 신경을 쓰게 됐다는 것이다. 피해를 당했는데, 그것 때문에 비웃음이라는 2차 피해까지 당한 것이다.

이와 비슷한 이야기는 사실 여기저기에서 들린다. 50~60대거나 그보다 나이가 많아도 치한을 만나거나 성희롱을 당할 수 있다. 나아가 심각한 성적 피해를 당하지 않으리라는 법도 없다.

직장의 남성 직원들은 '어차피 상처 안 받겠지', '그 나이쯤 되면 아무렇지 않겠지'라는 생각에 젊은 여성을 대할 때보다 가볍게 성희롱 발언을 한다. 개중에는 스킨십을 하는 경우도 있다.

내 지인 중 한 회사에서 오래 근무한 여성이 있는데, 50대 후반이 되면서 "우리 회사의 어머니"라고 불리게 되었다고 한다. 어느 날은 연하의 남성 직원이 "엄마, 차 좀 주세요"라며 선을 넘었다고 한다. 그녀는 "저를 잘 따라서 고맙기는 하지만……"이라고 말하며 쓴웃음을 지었다.

"어느 날 30대 사원이 '엄마, 복사 좀 도와주세요'라고 부탁을 해서 도와줬는데, 어깨를 주무르고 마사지를 해주더라고요. 그 사람은 정말 엄마 같아서 그랬는지 몰라도, 제 입장에서는 갑자기 누군가 저를 만지는 건데 당연히 소름이 끼치죠……."

아줌마라고 상처받지 않는 건 아니다

또 50~60대 여성 중에는 "나이가 있으니까 이 정도는 괜찮겠지"라면서 가볍게 여겨지고 성희롱을 당하면서 예전에 겪었던 심각한 성 피해의 기억이 되살아나는 경우도 있다.

이는 진료실에서 들은 이야기다. 어느 날, 판매업에 종사하는 여성이 찾아와 말했다.

"직장에서 이런저런 일로 저에게 의지를 많이 하는 40대 남성 사원이 있어요. 처자식이 있는데 사이가 좋지 않은지, 저한테 상담을 해오더라고요. 처음에는 안쓰러워서 이야기를 들어주었는데, 그러던 중 갑자기 저한테 접근을 하더군요. 어느 날 퇴근을 하고 걸어가는데 그 사람이 뒤에서 따라오는 게 느껴졌어요. 좁은 길에 들어서자마자 갑자기 뒤에서 저를 와락 안더니 '남자랑 이런 것 해 본 지 오래됐죠?'라고 속삭이는데, 너무 무서웠어요. 그 순간 10대 때 정신이상자가 덮치려고 했던 일이 떠올랐어요. 그때도 낯선 남자가 뒤에서 다가와 제 팔을 잡았거든요. 무서워서 '꺅' 소리를 질렀는데, 때마침 지나가던 경찰이 구해주었고, 그 사람은 체포됐어요. 천만다행이었지만 그때의 일은 제 인생에서 가장 무서웠던 기억으로 남아 있어요. 회사 사람이 저를 안았을 때, 45년이나 지난 그 일이 되살아나서 밤에 잠이 오지 않아요."

그 남자는 그녀에게 그런 사정이 있다는 걸 전혀 모른 채 '예순이 넘은 여성이니 사소한 장난 정도는 그냥 넘기겠지'라는 무신경함으로 이상한 행동을 했을 것이다. 하지만 나이가 많으면 상처받지 않는다는 생각은 말도 안 된다. 오히려 이 여성처럼 과거의 트라우마가 되살아나서 더욱 상처받는 경우도 있다.

특히 남성들은 '중년이나 노년 여성은 상처받지 않으니 무슨 말을 해도 상관없다'는 사고방식을 고쳐야 한다. 여성들은 '이 나이에 성희롱당했다고 말하기 창피하다'는 생각이 들 수도 있겠지만, '이 나이에 성희롱당할 리가 없어. 이건 착각이야'라는 생각은 하지 말고 불쾌한 일은 불쾌하다고 꼭 말하기를 바란다.

성희롱에 정년은 없다. 그리고 이건 당연한 말이지만, 정년 이후 여성이 당하는 성희롱과 성범죄 또한 젊은 여성에 대한 그것과 마찬가지로 근절되어야만 할 것이다.

젊어지겠다며 무리하고 애쓰기 전에

자신에게 질문해보면 어떨까.

이건 누구를 위해 하는 걸까?

아름다움을 손에 넣으면 과연 행복할까?

3장

그녀들의
연애 사정

사랑하고, 사랑받고 싶다

대부분의 여성이
"연애는 몇 살까지 가능한가?"라는 질문과
무관한 인생을 살아왔다.
이제 우리에겐 그 문제에 대한 답이 필요하다.

작은 빛이 가슴속에서 빛난다.
아직 이 세상 누군가에게
필요한 존재이고 싶다.

몇 살이 되어도 여자이고 싶다

☆ 문필가로 알려진 기시 게이코의 소설 『어쩔 수 없는 사랑』
(겐토샤)이 발표되고 사회적 화제를 불러일으킨 것이 2013년의
일이다.

주인공은 국제적으로 활약하는 69세의 여성 다큐멘터리 작가.
남편을 일찍 여의고 외롭지만 자유로운 생활을 누리고 있다. 그런
그녀가 파리로 가는 비행기 퍼스트 클래스에서 출장을 가던 대기
업 임원과 나란히 앉게 된다. 그리고 자연스럽게 이야기를 나누다
가 서로 마음이 잘 통한다는 걸 깨닫는다. 처음에는 남녀를 뛰어
넘은 우정이었지만, 두 사람 사이에 점차 연애 감정이 싹트고 일

94

본과 프랑스를 넘나들며 뜨겁게 불타오르기 시작한다.

이 소설이 화제가 된 이유는 남성에게 가족이 있다는 점, 즉 불륜이라는 점도 있었지만, 남성이 열두 살 연하라는 설정 때문이었다.

여성은 남편을 떠나보내고 오랫동안 관계를 가져본 적이 없었기에, 그녀에게 들어온 구키(남자 주인공의 이름)를 온전히 받아들이지 못하고 극심한 고통을 느낀다. 하지만 여성은 거기서 포기하지 않고 산부인과 의사를 찾아가 약과 연고를 처방받는다. 그리고 약과 연고를 사용하면서 다시 한번 시도한 끝에 결국 띠동갑 연하의 남성과 맺어지게 된다.

이 소설은 예상대로 인터넷을 중심으로 엄청난 화제가 되었다. "일흔 살이나 돼서 성적 관계를 동반한 연애를 한다고? 말이 안 돼"라며 여성을 비난하는 목소리와 "아무리 미인이어도 남성이 열두 살이나 많은 70대를 좋아하는 건 있을 수 없는 일"이라며 남성을 야유하는 의견이 난무했다. 그러나 그보다 더 많았던 의견은, 노년층 여성을 중심으로 두 사람의 관계나 각각의 인물을 평가하는 의견이었다.

"이런 만남이 있다면 얼마나 멋있을까."

"처음에 잘되지 않았다고 해서 포기하지 않고 격려해준 연인의 모습에 감동했다."

이로 인해 이 책은 25만 부가 넘게 판매되는 베스트셀러가 되었다. 그뿐만 아니라 낭독극으로 상연되는 등 형태를 바꿔서 여전히 대중에게 사랑받고 있다.

출간 당시, 저자인 기시 게이코는 인터뷰를 통해 이렇게 말했다.

> "성(性)을 배제한다면 어른의 사랑은 성립되지 않는다고 생각해요. 이 책을 쓸 때 상당한 담력이 필요했습니다. 하지만 다양한 경험을 해온 '지금의 게이코'가 아니면 이 테마를 쓸 수 없었을 거예요. 사회문제와 함께 '승부를 보자'는 마음으로 썼습니다."
> _《주간포스트》2013년 4월 19일 자

또한 이 소설이 저자의 실제 경험에서 나온 것이냐는 질문에 당시 여든 살에 접어든 그는 웃으며 말끝을 흐렸다. 확실한 대답을 피한 것 같다. 이것이 실화를 바탕으로 했는지는 모르겠지만, 아마도 각각의 에피소드에 실제 경험도 포함돼 있을 것이다.

그렇다면 정말로 60대 남성과 70대 여성이 연애를 하는 건 말이 안 되는 일일까.

그렇지 않을 것이다. 남성의 경우, 60대에 연애를 하거나 결혼을 하는 건 결코 드문 일이 아니다. 저널리스트 다하라 소이치로

나 만화가 고바야시 요시노리는 예전에 AKB48의 팬이라는 것을 스스로 밝히기도 했다. 그 소식이 전해졌을 때 "나이도 먹을 만큼 먹은 사람이 이상하다"라는 말은 없었고, 오히려 "의외로 훈훈하다"라는 긍정적인 평가가 많았다. 참고로 다하라는 80대, 고바야시는 60대다. 50~60대 남성 중에서도 자신을 '아이돌 팬'이라고 말하는 사람이 드물지 않다.

예순일곱 남성과 10대 소녀

노벨상 작가인 가와바타 야스나리의 명작 『잠자는 미녀』의 주인공 에구치는 67세지만 그가 성적 대상으로 삼은 사람은 무려 10대 소녀다.

에구치가 드나드는 '잠자는 미녀의 집'에서는 성기능을 상실한 남성 손님들이 한밤 중 침대 위에 잠들어 있는 미소녀를 '감상'한다. 키스까지는 허락되지만 그 이상의 행위는 금지되어 있다. 그러나 아직 성기능이 남아 있는 에구치는 어떻게 해서든 소녀들과 '그 이상'의 행위를 하기 위해 시도한다.

소설을 보면, 그래서 결국 그가 원하는 바를 이루었는지, 잠든 소녀들이 그를 받아들였는지 거부했는지 명확히 쓰여 있지 않다.

구체적이지 않기에 독자는 마음껏 공상할 수 있고, 그를 통해 에구치의 심경이나 행동에 자신의 상상을 입히게 된다.

설정만 보면 소위 롤리타 콤플렉스를 지닌 노인을 그린 극히 특수한 작품인 것 같지만, 이 『잠자는 미녀』는 가와바타 야스나리 단편집의 표제작으로서 많은 독자에게 읽히고 있다. 물론 묘사나 문체의 아름다움에 이끌려 읽는 사람이 대다수겠지만, 그중에는 젊고 아름다운 소녀에게 연애 감정, 성적 관심을 갖는 것에 은밀하게 공감하거나 동경하는 중년 혹은 노년 남성도 적지 않을 것이다.

그런데도 여성만 특정 연령에 접어들면 연애는커녕, 연애 감정을 품는 것조차 허락되지 않는다는 건 말이 되지 않는다.

중년의 연애 현실

지금까지 여러 번 언급했듯이, 요즘에는 50~60대나 이보다 나이가 더 많은 여성들도 실제 나이보다 스무 살 정도 젊어 보이는 사람이 적지 않다.

바로 위에서 언급한 기시 게이코도 현재 80대 중반에 접어들었지만, 대담에 참석했을 때 찍은 사진을 보면 60대, 아니 50대라고 해도 이상하지 않을 정도다.

또한 실제 50대 이상 여성 중 연애 때문에 고민하는 사람이 적지 않다. 기혼자의 경우는 연애라기보다 결혼이라고 표현하는 것이 정확하겠지만, 그들에게 연애란 넓은 의미에서 남편과의 남녀 관계를 말한다.

특히 기혼자의 경우 큰 문제가 되는 건 육체적인 관계, 즉 섹스다. 오랫동안 성교육에 힘써온 다카야나기 미치코는 『섹스 없이 노후를 말할 수 없다』,『늙어 비로소 훌륭한 성을』 등의 저서를 통해 시니어 세대의 성애를 적극적으로 인식해야 한다고 주장한다.

나가사키 보험의협회 홈페이지의 「건강 한마디 메모」를 보면, 고령자의 성생활에 대해 이런 내용도 쓰여 있다.

나이가 들면 성욕이 사라진다고 생각하는 분들이 많지만, 성욕을 컨트롤하는 대뇌피질의 기능이 정상인 한 90세에도 성욕은 있습니다. 적어도 80세까지는 성호르몬이 남녀 모두에게 분비되고, 남성의 60퍼센트에게서 발견되었다는 연구 결과가 있습니다.

젊은 사람도 몸 상태가 좋지 않으면 성욕이 없듯이, 고령자도 마찬가지입니다. 고령자 중 성욕이 있는 분들은 건강하다고 볼 수 있습니다.

외국의 예를 들면, 성행위를 하는 사람의 비율이 66~70세가 75

퍼센트, 76~80세가 36퍼센트, 91세 이상이 3퍼센트라고 합니다.

또한 다카야나기는 잡지에 실린 글에서 이런 조사 결과를 소개했다.

이제껏 금기시되었던 노년기 성 실태에 과감히 다가갔던 보건사 오에하라 유코(『노년기의 성』 『성 없이 노후는 말할 수 없다』의 저자, 1992년 타계)는 총 두 번에 걸쳐 '노인의 성 실태 조사'를 실시하였습니다. 1973년 제1회 조사에서는 성적 욕구가 '전혀 없다'고 대답한 남성이 11퍼센트, 1985년 제2회 조사에서는 이보다 감소한 9퍼센트였습니다. 성행위 유무에 관해서는 '있다'가 1973년 조사에서 77퍼센트, 1985년 조사에서 96퍼센트로 밝혀졌습니다. 이로써 고령기 남성도 아직 건재하다는 걸 알 수 있습니다. 그렇다면 여성은 어떨까요? 1973년 제1회 조사에서는 성적 욕구가 '전혀 없다'가 66퍼센트, 제2회는 41퍼센트입니다. 성행위 유무에서는 '있다'가 1973년에는 46퍼센트, 1985년에는 무려 두 배인 92퍼센트입니다.

성행위 수치에 관한 한 남녀 차이가 거의 없습니다. 고령기 여성의 90퍼센트가 아직도 성생활에 문제가 없다니 바람직한 결과입니다.

이렇게 수치로 놓고 봤을 때, 여성은 노년이 되어도 충분히 사랑과 성생활을 즐길 수 있다. 하지만 대부분의 노년 여성은 "나이도 있으신 분이 사랑이니 섹스니 말하다니 천박하다"라며 사회로부터 무언의 압력을 느낀다. 그리고 그로 인해 본인 스스로가 억지로 '그런 문제는 이미 졸업했다'고 믿으려 한다.

즉, 50~60대가 되었지만 예전처럼 성욕도 있고 섹스도 신경이 쓰인다. 그러나 그런 이야기를 어디 가서 꺼낼 수도 없고 혼자서 의식하는 것조차도 '허락되지 않는 분위기'인 것이다.

또한 이 나이 여성들이 많이 이야기하는 고민 중 하나가 바로 남편이 섹스는커녕 손을 잡거나 포옹하는 스킨십조차 해주지 않는다는 것이다. 여기서 굳이 '해주지 않는다'라고 쓴 이유는 이 세대 여성들은 남성에게 먼저 다가가는 것에 반감이 있어서 남성이 먼저 다가오기를 기다리는 경우가 많기 때문이다. 이러한 점도 난관 중 하나다.

이렇게 속마음과 체면 사이에 커다란 갭이 생기면, 그 자체에 스트레스를 받아 결국 마음의 균형이 무너진다. 그런 이유로 진료실을 찾아오는 중년 여성과 노년 여성이 적지 않다.

이 연령대 여성의 경우, 마음의 병은 우울증뿐만 아니라 '질투망상' 혹은 '체감환각'이라는 형태로도 나타난다. 다소 극단적인 예일지 모르지만, 50대 이후 환자들에게 꽤 잦은 빈도로 나타나는 증상이기 때문에 여기서 소개하고자 한다.

질투망상이란 어떤 근거도 없는데 '남편이 바람을 피운다', '젊은 애인이 있다'고 굳게 믿는 증상이고, 체감환각이란 '몸에 찌릿찌릿 전기가 흐르는 것 같다'처럼 실제 감각을 동반한 환각을 말한다. 각각의 사례를 짧게 소개하겠다.

남편의 바람을 의심하는 질투망상
: 55세 I 씨 이야기

전업주부 I 씨에게는 남편과 20대 딸이 둘 있다. 이제까지 부부 사이에 큰 문제는 없었다.

어느 날 남편 수첩을 우연히 봤는데 "K 씨와 회의", "K 씨 등과 회식"이라고 쓰인 메모가 있었다. 이걸 본 순간 I 씨는 '이 K 씨라는 사람, 분명 애인이야'라는 느낌이 들었다고 한다. 그 후로 남편을 관찰해보니, 행동 하나하나가 부자연스러워 보였다.

일단 집에 돌아왔다가 "잠깐 편의점 다녀올게"라며 다시 집을 나선다. 그리고 잠시 후 상기된 얼굴로 다시 돌아온다. 애인과 전화 섹스라도 하고 온 게 분명했다. 출장을 가야 한다면서 본인이 직접 갈아입을 옷을 가방에 챙기는 모습을 보고는 '여행지에서 애인과 만나기로 약속했구나' 하는 생각이 들었다.

그러던 어느 날, 더는 참을 수 없어서 "당신, 바람 피우지?"라며 남편을 추궁했다. 그러자 남편은 "무슨 소리를 하는 거야!"라며 노발대발했다.

이제는 법적 조치를 취할 수밖에 없겠다 싶어서 변호사에게 상담을 받으러 갔다. 그런데 변호사가 "재판에 필요할지도 모르니, 일단 정신과에 가서 문제가 없다는 진단서를 받아 오세요"라고 했다. 그래서 어쩔 수 없이 진찰을 받으러 온 것이다.

그렇게 해서 진료실에 온 I 씨와 일상 대화를 나눠봤지만 특별한 문제는 없었다. 하지만 딱 한 가지, '남편의 바람'이라는 문제에서만큼은 강한 확신을 보였다. 그 이야기만 나오면 표정이 변하고 눈이 반짝거렸다. I 씨가 말하는 공상의 내용은 꽤 성적 색채를 띠고 있었다. 또한 본인조차 인지하지 못한 강한 성적 에너지가 존재하는 것이 느껴졌다.

결국 부득이하게 I 씨에게 망상을 억누르는 약을 처방했다. 약을 먹는다고 올바른 방향으로 해결되지 않을 거라는 생각에 복잡한 마음이 들었다.

내 몸의 알 수 없는 위화감, 체감환각

: 67세 F 씨 이야기

F 씨는 재작년 남편이 암으로 죽고 고령의 친어머니를 간병하며 지낸다.

그런데 몇 개월 전부터 밤에 자다가 갑자기 몸에 찌릿하고 전기가 통하는 증상이 나타났다. 피부가 간질간질한 느낌도 들었다.

처음에는 착각인 줄 알았는데, 어느 날 옆집 사람이 창문으로 이쪽을 들여다보는 느낌이 들었다. 그 후로 '옆집 남자가 내가 혼자인 걸 알고 이런저런 기계로 장난을 치는 게 분명해'라는 생각을 하게 되었다.

우연히 밖에서 옆집 남자와 마주쳤는데, 음흉한 눈초리로 자신을 쳐다봤다. 더는 참을 수 없어서 경찰에 신고했지만 상대해주지 않았다.

어쨌든 몸이 찌릿찌릿한 게 불편해서 신경내과를 찾아갔는데, 정신과 진료를 권유받았다. F 씨는 불만스러웠지만, 그렇게 내 진료실을 찾아왔다.

증상의 핵심은 '찌릿찌릿하다', '간질간질하다' 같은 몸의 지각 이상이었는데, 이는 남자가 몸을 만질 때 느끼는 성적 감각에 가까웠다. 게다가 본인이 그것을 '옆집 남자가 괴롭히기 때문'이라고 확신하는 것으로 보아, 성적 판타지에서 파생된 환각이라고 여겨졌다.

나는 그녀에게 "앞으로 재혼 생각은 있으신가요?"라고 넌지시 물어봤다. 하지만 "말도 안 돼요. 저는 이미 할머니인데요"라며 자기 안에 성적 공상이 잠들어 있다는 것을 스스로 부정했다.

"그럴 나이는 아니죠"는 과연 진심일까?

I 씨와 F 씨 모두 여전히 몸과 마음에 성적 에너지와 판타지가 잠들어 있다. 하지만 세상 사람들의 인식도 그렇고, 본인 스스로도 이제 그럴 나이가 아니라며 그 점을 강하게 부인한 채 생활하고 있다. 이러한 점이 결과적으로 망상이나 환각을 발생시키는 것으로 보인다.

그렇다고 I 씨가 남편과 다시 정렬적인 사랑을 하거나 F 씨가 성적 관계까지 포함한 재혼 상대를 찾기란 현실적으로 어려워 보인다. 결국, 어떻게든 약을 통해서 망상이나 환각을 진정시킨 뒤에 예전의 조용한 일상으로 돌려보내는 수밖에 해결 방법이 없다는 말이 된다. 참 안타까운 일이다.

다카야나기가 말한 것처럼 이 나이대 여성들도 몸과 마음에 성적인 에너지가 잠들어 있다. 그 에너지를 충분히 발산할 수 있다면 좋겠지만, 당장은 어려울 것이다. 그렇다면 성적 관계까지는 아니더라도, 근사하게 메이크업을 하고 옷을 차려입은 뒤 밖에서 남성을 만나는 정도는 어떨까. 남성의 에스코트를 받으며 콘서트나 레스토랑에 간다면 그것만으로도 마음이 꽤 건강해질 것이다.

중년의 우울감과 행복지수

　망상이나 환각 이외에도 사랑이나 성적인 문제 때문에 우울 증상을 호소하는 중년, 노년 여성이 적지 않다. 앞서 말했듯이, 이 나이대가 되면 남편이 자신을 여자로 보지 않는 경우가 많다. 그뿐만 아니라 아이들까지 슬슬 독립하면서 바빴던 일상이 변화하게 되고, 그로 인해 갑작스러운 고독감이나 소외감을 느끼게 된다. 또 위에서 말한 갱년기 같은 신체 변화도 우울 증상을 더욱 심화시킨다.

　최근 미국의 한 조사연구를 통해서도 슬럼프와 우울함의 절정이 중년기에 나타난다는 것이 명백해졌다. 미국의 의학 잡지《소셜 사이언스 앤드 메디신(Social Science & Medicine)》에 게재된 논문에 의하면, 중년기에 우울함이 정점에 달한다는 사실은 문화,

젊고 아름다운 소녀에게 연애 감정을 갖는

중년 혹은 노년 남성이 적지 않다.

심지어 그들을 훈훈하다고도 한다.

여성만 특정 연령에 접어들면 연애는커녕,

연애 감정을 품는 것조차 허락되지 않는다는 건

도무지 말이 되지 않는다.

지리, 재산, 직업, 학력, 혼인 유무, 부모의 상황과 상관없이 거의 전 세계 공통이라고 한다. 이 연구에서는 '성차'도 없다고 본다. 남성이든 여성이든 상관없이 중년기는 우울감을 느낄 확률이 가장 높은 시기라는 것인데, 이 책에서 이미 언급했듯이 중년 및 노년 여성은 남성과 또 다른 문제에 직면하기 때문에 그만큼 우울증 위험도 높다고 볼 수 있다.

나아가 이 연구에서 '행복지수'와 '정신건강'에 관한 생애 추이를 살펴본 결과, 그래프가 U자 형태를 그렸다고 한다. '행복지수'는 스무 살 때가 가장 높고, 서서히 하강하다가 40대에 최저치를 나타냈으며 그 이후 다시 상승했다. 남녀별로 보면, 미국에 한해 최저는 남성이 50대 초반, 여성이 마흔 살 즈음이었다.

그리고 전 세계적으로 우울증에 걸릴 확률이 가장 높은 연령은 마흔네 살 정도라고 한다. 연구자들은 설령 40대에 우울감을 느끼더라도 이 연구를 보면서 충분히 있을 수 있는 일이라고 여긴다면 이 연구 결과가 유용하게 쓰일 것이라고 덧붙였다.

또한 미국의 다른 연구를 통해, 중년 여성에게 비만과 우울증이 함께 오는 경향이 있다는 사실이 밝혀지기도 했다. 임상적으로 우울증을 가진 여성이 그렇지 않은 여성에 비해 비만 빈도가 두 배 이상 높았고, 또 비만인 여성의 우울증 빈도 또한 그렇지 않은 여성에 비해 두 배 이상 높았다고 한다.

연구자는 그 원인으로, 체중이 폭증하면 그것을 수치스러워하면서 자존심에 상처를 입고, 그렇게 되면 다이어트에도 의욕을 잃어 그 결과 점점 우울증이 심해질 가능성이 있다고 지적했다. 그러면서 "비만 여성이 자존감을 되찾기 위해서는 체중을 줄이는 것이 도움이 된다"며 다이어트를 강하게 추천했다.

일본 중년 여성을 대상으로 비만과 우울의 상관관계를 조사한 적은 없지만, 본인이 살이 쪘다고 느끼는 여성은 '이렇게 몸이 추한데 누가 날 사랑하겠어'라는 생각과 함께 자기 긍정감이 낮아질 것이고, 그 결과 기분이 가라앉는 등의 우울 증상이 발현될 거라는 건 충분히 예상 가능하다.

과도하게 젊음을 좇다가 소모되다

현재 중년과 노년 여성을 우울증으로 몰아가는 가장 큰 요인 중 하나는 바로 사회에 깊게 뿌리내린 '젊은 것이 좋은 것'이라는 가치관일 것이다.

특히 여성에 대해서는 무조건 젊을수록 좋다는 사고방식마저 존재한다. 텔레비전을 보면 10대 초반의 연예인이 끊임없이 등장하고, 이런 상황에서 30대가 되어도 살아남은 여성은 연기력이 매우 뛰어나거나 결혼이나 출산 등의 사생활로 인기를 모은 연예인뿐이다.

텔레비전이나 잡지의 영향인지, 여학생이 많은 대학에 강연을 가서 "자신이 더 이상 젊지 않다고 생각하는 사람?" 하고 물으면 거의 모든 학교에서 학생 중 70~80퍼센트가 손을 들었다. 더 자세한 의견을 물어봤더니, 스무 살을 갓 넘긴 여성의 입에서 "스무 살이 넘으면 아줌마", "내가 가장 빛났을 때는 열다섯 살 때"라는 말이 튀어나왔다.

또한 앞으로 뭘 해야 할지 모르겠다며 진료실을 찾아오는 20대 여성도 종종 있다. 그들은 "결혼, 여행, 아르바이트 등 하고 싶은 건 전부 했어요. 앞으로 늙는 일만 남은 것 같아요"라면서 마치 인생이 끝난 것처럼 심각하게 말한다. 그들 대부분은 다니던 직장에 새로운 여성 신입사원이 입사했을 때 "역시 젊으니까 신선하고 좋아", "회사가 환해지네" 등의 말을 들으면서 상대적으로 자신의 나이 때문에 상처를 받은 경험이 있었다.

이렇듯 '젊지 않은 건 죄'라는 분위기 속에서 여성들은 외모와 몸매만이라도 젊어지고 싶다, 할 수만 있다면 젊었을 때로 돌아가고 싶다면서 필사적인 노력을 한다.

화장품 숍이나 헬스클럽뿐만 아니라 성형외과나 내과, 뇌신경

외과에 이르기까지 다양한 곳에서 "안티에이징" 또는 "이것을 하면 열 살 젊어집니다"라는 문구를 자주 본다. 이제는 젊음을 돈과 노력으로 살 수 있다고 생각하는 사람까지 있고, 젊음을 유지하거나 더 젊어지기 위해 삶 전체를 소비하는 사람도 있다.

아무리 외모와 체력을 관리한다고 해도 속까지 젊어질 수 있는 건 아니다. 그런데도 "젊음은 되찾을 수 있다"면서 필사적으로 정보를 모으고 새로운 걸 시도하다 보면, 결국 자신의 에너지를 전부 써버리게 된다. 이로 인해 이른바 '탈진증후군' 같은 증상이 나타나고 그것이 우울증으로 이어지는 사람도 있다.

진료실에서 만난 어느 40대 여성은 "젊어진다고 해서 요가를 시작했는데 힘들어도 그만둘 수가 없었어요. 무리해서 여러 군데 다니다 보니 결국 몸과 마음이 완전히 상한 것 같아요"라고 말했다.

이것이야말로 주객전도다. 그녀는 "다시 요가를 하려면 하루빨리 건강을 되찾아야 해요. 겨우 효과를 봤는데, 이러다가는 그 효과까지 사라지겠어요"라고 말했다.

연하남과 연애하다

⭐ 일본 여성의 '행복지수'를 그래프로 그려본다면 U자형이 아
니라 10대에 정점을 찍고 점점 떨어지는 형태가 아닐까.

나는 이를 방지하려면, 『어쩔 수 없는 사랑』에서 읽은 설렘이나
사랑 때문에 애태우는 감정을 몇 살이 돼든 잊지 말라고 주장하
고 싶다. 지금의 50~60대는 충분히 젊기 때문에 "나는 저 사람이
좋다"라고 당당히 말해도 된다는 말이다.

하지만 이런 경우 직면하는 문제가 있다. 과연 누가 '내 설렘을
받아줄 것인가'라는 문제다. 즉, 상대 남성이 있느냐의 문제다.

연하남과 연애하는 여자들

유명인 커플 중에는 아내의 나이가 훨씬 많은 커플이 종종 있다. 프랑스 대통령 마크롱의 아내 브리지트는 스물다섯 살 연상이고, 미하라 준코 참원의원의 남편은 스물네 살 연하다. 단, 이런 경우 대부분 아내가 절대 그 나이로 보이지 않을 정도의 외모와 패션 감각을 갖추고 있기 때문에, 그런 커플을 보면서 우리는 "역시 50대 일반인 여성이 20대 남성과 사귀는 건 말이 안 돼"라며 한숨을 내쉬게 된다.

여성이 스무 살 더 많은 연상 연하 커플은 드물지만, 열 살에서 열다섯 살 차이 커플은 종종 목격한다. 예전 동료였던 40대 임상 심리사 여성이 갑자기 열두 살 연하남과 결혼을 발표해 깜짝 놀란 적이 있다. 심지어 초혼에 '속도위반' 결혼이었다. 그 외에도 여성 환자가 열 살 연하인 남편을 데리고 진료실에 찾아온 경우도 있어서, 여성이 연상인 커플도 꽤 있다는 것을 실감했다.

그러고 보면 그들 모두 평범한 여성으로, 외모가 깔끔하고 옷차림이 산뜻했다는 것 외에 특별히 튀는 점은 없었다. 그녀들이 "30대 후반입니다"라고 해도 "아, 그러세요"라고 납득했고, "쉰세 살입니다"라며 실제 나이를 들었을 때도 "그렇게 보인다"고 여겼다. 어떤 면에서 나이를 가늠할 수 없는 사람도 많았지만, 그건 화장이 연하고 인상이 소박하기 때문이었지 결코 '미마녀'라서 그런 것은 아니었다.

그런 분들을 보면 나 또한 관심이 생겨 "남자친구와는 어디서 만나셨어요?"라고 사적인 질문을 하게 될 때도 있다. 대부분 직장, 혹은 봉사 모임에서 만났다는 평범한 대답이 나온다. 데이트를 할 때도 영화를 보러 가거나 주말에 함께 요리를 해 먹는 등 어디에나 있는 평범한 커플들과 마찬가지다.

결혼을 하기로 했는데 "남자친구의 부모님이 언짢아하셨다"고 한 경우도 적지 않았지만, 그럼에도 서로 아끼며 담담히 교제를 이어가고 있다. 그리고 생각보다 이런 커플이 꽤 많다.

아마도 이 커플 모두 남성이든 여성이든 자신의 나이나 상대방의 나이를 의식하지 않을 것이다. 그냥 함께 있으면 마음이 편하다고 생각할 것이다. "나는 쉰일곱 살이야"라고 본인의 나이를 필요 이상으로 강조하지 않으면, 이 세상에는 여성의 나이를 신경 쓰지 않는 남자도 있다.

이루어질 수 없는 연하남과 사랑에 빠지다

그렇지만 어린 남성을 보고 설레는 것에 반감이 있는 여성도 여전히 적지 않다. 그런 경우 주변에 있는 남성이 아닌 멀리 떨어진 곳에 있는 남성, 즉 배우나 아티스트를 좋아하는 것도 방법이다.

예전에는 '나이 지긋한 여성이 가수를 보고 꺅꺅 소리를 지르다니 주책이다'라는 생각이 강했다. 그런 사회적 가치관을 크게 바꾼 것이 바로 한류 열풍이다. 2000년대 초반, 중년과 노년 여성들이 배용준이나 이병헌에게 빠져 있던 바로 그 시기, 그녀들은 아직도 남성을 보고 가슴이 두근거린다는 사실을 깨달았다. 그리고 정도만 지킨다면 주변 사람들도 따뜻한 눈으로 지켜봐준다는 것 또한 알게 되었다.

욘사마 열풍이 일었을 때 여성들은 여전히 "남자로 좋아하는 게 아니라 예의 바른 사람 같아서 좋아하는 거야", "저런 아들이 있다면 얼마나 좋을까"라며 자기 자신과 주변 사람들에게 변명을 했다. 그러나 이후 열풍이 점점 확대되면서 '멋있다', '저런 사람이 내 애인이었으면 좋겠다', '한 번만 안겨보고 싶다' 같은 솔직한 연애 감정에 가까워졌다. 여성들은 진심으로 내가 사랑하는 남자라면 상대가 누구든 나이는 상관없다는 사실을 깨닫기 시작했다.

그리고 한류 붐을 일으킨 스타들은 배우든 뮤지션이든 연상의 일본인 여성들을 결코 얕보거나 꺼리지 않았다. 예전에 욘사마 팬미팅 영상을 본 적이 있는데, 욘사마는 공연장에 몰려든 엄마나 할머니뻘 여성들에게 웃는 얼굴로 "여러분은 소중한 가족입니다"

라고 말하며 정중하게 손을 흔들었다. 그리고 이벤트 후반에 욘사마가 "그런 눈빛으로 보지 마세요……. 좋아하게 되면 어떡해요"라는 가슴이 철렁하는 멘트를 했을 때는 갱년기가 훨씬 지난 여성들까지 남의 눈치 보지 않고 "꺅!" 하며 새된 소리를 질렀다.

최근 한류 열풍을 보면 한때의 열광이 아니라 번듯한 장르로 자리를 잡은 느낌이다. 새로운 배우와 아이돌이 등장하며 변함없이 여성들의 마음을 사로잡고 있지만, 한국 연예계와 음악계가 아시아 전체 혹은 미국 시장에 진출하면서 더는 일본을 겨냥하지 않게 되었다고 한다. 그래서 그런지 예전처럼 톱스타가 일본에 오지 않는 것 같다. 그런 상황에서 과연 누가 영원히 늙지 않는 여성들의 뜨거운 설렘을 받아줄 것인가. 그것이 커다란 문제다.

연애는 몇 살까지 가능한가

⭐ "연애는 몇 살까지 가능한가"라는 문제에 대한 정답은 아직 없다. 지금까지는 대부분의 여성이 20대 혹은 30대에 결혼하고, 그 이후로 새로운 연애의 가능성이 사라진다고 여겼다.

노년에 접어들고 나서, 혹은 아직 노년이라 할 수 있는 나이가 아니라고 해도, 배우자가 병이나 사고로 떠나면 재혼할 생각이 없다고 말하는 사람도 많았다. "20대에 결혼해서 세 아이를 낳았지만, 30대 중반에 남편이 병으로 죽었어요. 그 후 여자 혼자의 힘으로 아이들을 훌륭히 키웠답니다"라는 이야기가 미담처럼 전해지는 일도 많았다.

심지어 예전에는 결혼의 대부분이 연애가 아니라 누군가의 소개에 의한 맞선으로 이루어졌다. 국립사회보장·인구문제연구소가 2015년에 실시한 출생동향기본조사에 따르면, 전쟁 전에는 결혼의 약 70퍼센트가 맞선을 통해 이루어졌지만, 1960년대부터 연애를 통한 결혼 비율이 맞선을 앞질렀다. 맞선을 통한 결혼 비율은 2010년부터 2014년까지 5.5퍼센트에 그쳤다고 한다. 맞선은 하나의 계기일 뿐 맞선을 통해 만나 연애를 하다가 결혼하는 경우, 혹은 맞선을 통해 결혼 먼저 하고 나서 남편과 연애 감정이 싹트는 경우도 물론 적지 않았을 것이다.

2016년에 공개된 애니메이션 영화 〈이 세계의 저편에〉(원작은 고노 후미요에 의한 동명의 만화)는 전쟁 당시 보통 사람들의 삶을 섬세하게 묘사해 큰 화제가 되었다. 주인공인 여학생 스즈와 동급생 데쓰는 서로 뜨거운 연애 감정을 품고 있지만, 18세 스즈는 네 살 연상인 슈사쿠라는 청년과 결혼한다. 스즈는 어린 시절 딱 한 번 슈사쿠를 만난 게 전부인데, 슈사쿠가 그 기억을 더듬어 결혼을 하겠다고 아버지와 함께 집으로 찾아온 것이다.

처음 보는 사람이나 마찬가지인 남성이 상대 여성도 아닌 그 부모에게 결혼을 요청한다니, 요즘 사람들은 도저히 이해가 안 되겠지만, 스즈는 딱히 이상하다고 여기지 않고 그와 결혼한다. 이후 한동안 데쓰에 대한 마음을 버리지 못하지만, 몇 가지 사건을 계기로 자신의 마음이 남편 슈사쿠에게 있다는 것을 자각하고 부부의 연은 더욱 깊어진다.

이 스즈라는 젊은 여성이 뜬금없이 결혼을 하고 천천히 남편과의 연애 감정을 키워나가는 걸 보면 웃음이 절로 나온다. 하지만 곰곰이 생각해보면 너무 심한 것이 아닌가 싶다.

요즘은 주선자가 소개한 여성과 남성이 데이트를 몇 차례 하고, 그렇게 만나는 동안 느낀 감정을 바탕으로 자신들의 의사를 다시 주선자에게 전달하는 것이 맞선이다. 그런데 이 영화에 나오는 맞선에는 일단 '거절'이라는 선택지가 없다. 그렇기 때문에 맞선은 이를 표현하기에 적합한 단어가 아니다. '강제 결혼'이라고 하는 편이 오히려 근접할 것이다.

상상력을 좀 발휘해보면, 자신의 의사가 전혀 개입되지 않은 강제 결혼을 한 사람 중 끝내 서로를 사랑하지 못한 채 일생을 마무리한 경우도 있지 않을까. 물론 몇십 년을 부부로 지내고 그 사이 아이들이 태어나면 '가족의 정'이 깊어질 수도 있을 것이다. 하지만 그렇다고 해서 그게 연애 감정이라고 단언할 수는 없을 것이다.

국제 NGO 플랜인터내셔널은 각지에서 모은 기부금으로 가난

한 나라의 소녀들에게 교육의 기회를 주는 국제단체다. 이곳의 포스터를 본 적이 있는데, 인도 전통의상을 두른 소녀 사진에 "13세에 결혼, 14세에 출산. 하지만 아직 사랑은 모른다"라는 문구가 쓰여 있다. 일본도 이와 비슷한 상황이었을 것이다. 단, 여성만 사랑을 모른 채 인생을 마무리한 건 아니었겠지.

여자들의 두 번째 연애

앞서 언급한 통계를 통해 연애로 결혼한 사람이 과반수를 넘긴 지, 즉 연애 결혼이 일반화된 지 50년도 채 되지 않았다는 것을 알 수 있다.

80대 중반인 내 어머니가 돌아가신 아버지와 결혼한 때가 1950년대지만, 그 세대 사람으로서는 보기 드물게 두 분은 연애결혼을 했다. 자세히 말하지 않아 정확히는 잘 모르겠지만, 아버지는 삿포로에 있는 대학 의학부, 어머니는 전문학교에 다니고 있었다. 두 사람은 요즘 말로 하면 '대학 연합 동아리' 같은 데서 알게 됐다고 한다.

그렇게 아버지를 만나기는 했지만, 어머니는 연애지상주의와 거리가 먼 사람이라서, 내가 학생이었을 때도 "연애해서 결혼하는 것보다 공부를 해서 좋은 직업을 갖는 게 더 중요하다"라고 누누이 말했다. 그런 어머니를 보고 "엄마는 연애해서 결혼까지 했으면서……"라며 의구심을 품기도 했지만, 아마도 어머니는 내심 '결혼까지 생각하는 남녀 교제는 연애와 엄연히 다르다'고 생각한 게 아닌가 싶다.

어머니는 70대 후반에 남편, 즉 내 아버지를 떠나보냈는데, 그 이후에 '연애 한번 해볼까' 하는 기색은 전혀 없었다. 나와 남동생이 "혼자 사는 게 걱정되니까 주변에 와이프 안 계신 남자분이랑 왕래라도 하시면 좋을 텐데……"라고 넌지시 이야기해봤지만, 어머니는 실제로 자신의 친구 중에 그런 사람이 있는데 죽은 남편이 불쌍해졌다고 했다. 아무래도 '두 번째 연애'에는 부정적이다.

직접 물어본 적은 없지만, 어머니에게 "연애는 몇 살까지 할 수 있을 것 같아요?"라고 물어보면 분명 "연애를 뭐 하러 해"라고 하시든가, 기껏 해봤자 "결혼 전에 한 번 했으니까, 20대까지"라고 대답할 것이다.

이렇게 **대부분의 여성이 "연애는 몇 살까지 가능한가"라는 질문과 무관한 인생을 살아왔고, 이제 우리는 그 문제에 대한 답을 필요로 하고 있다.** 그렇다고 해서 갑자기 "연애는 나이와 상관없다"라고 말하면 적지 않은 사람들이 당황하겠지.

연애와 나이의 상관 관계

최근 고령자가 입주하는 시설에서 치정 싸움이 일어나 문제가 됐다는 뉴스를 종종 접한다. 그렇다면 "연애와 나이는 무관하다"라는 말은 진실일까.

인터넷이 발달하고 SNS로 동창이나 동향 친구를 쉽게 찾을 수 있게 되면서, 이른바 '동창회 불륜'이라고 하는 중년, 노년 연애도 활발해졌다. 그런 이야기를 들을 때마다 사실 '아, 모두 연애하고 싶어 하는구나'라며 일종의 감동을 느낀다.

그런데 연애는 꽤 많은 에너지를 소비하게 만든다. 보통 "연애 초기의 설렘이 너무 좋다"라고들 하지만, 연애로 인해 아드레날린이 분비되면 심장이 평소보다 빨리 뛰고 식욕이 떨어지거나 반대로 왕성해진다. 나아가 일이 손에 안 잡히거나 혹은 너무 집중이 잘돼서 평온하던 일상이 흐트러질 확률이 높다.

서로 좋은 감정을 품고 교제를 하게 됐을 때, 젊은이와 달리 시간을 잘 분배해야 하는 것도 꽤 고생스러운 일일 것이다. 만일 둘 중 한 사람 혹은 두 사람 모두 따로 배우자가 있기라도 하면 시간 내기가 더욱 어려워지고, 심지어 몰래 만나는 동안 고민이나 죄책감, 질투심까지 더해질 것이다. 따라서 이런 만남은 50~60대를 녹초로 만든다.

내 지인 중 60대에 SNS를 통해 첫사랑을 다시 만나 실제 연인 사이로 발전한 여성이 있다. 처음에는, 도저히 숨길 수 없다면서 결국 1박 여행을 다녀왔다고 나한테 문자메시지를 보내왔다. 그러다가 시간이 지날수록 "나와 그 사람 둘 다 손자까지 있는 사람인데 이래도 되는 걸까?", "남편은 어차피 나한테 무관심하니까 미안하다는 생각은 안 드는데 아들한테 너무 미안해"라며 고민하기 시작했다. 그렇다고 연인과 헤어지고 싶은 건 아니었기 때문에 결국 우울증에 걸려 입원까지 하게 되었다.

그런 그녀를 보면서 나는 어느 정도 나이가 든 상태에서 격렬한 사랑을 하면 몸과 마음이 상할 수 있다는 사실을 깨달았다.

연애에 나이는 상관없다. 기본적으로 몇 살이 되었든 연애는 할 수 있고, 이성과의 교제를 즐길 수 있다고 생각한다. 하지만 젊었을 때 했던 사랑과 달리 여러 현실적인 문제도 있을 것이고, 체력 소모, 심리적 부담 등 예기치 못한 손상도 입을 수 있다. 나이가 들어 사랑을 하게 된다면, 그걸 잊어서는 안 될 것이다.

정년의 부부생활을 이야기하다

⭐ 내가 진료실에 오는 기혼 여성 환자들에게 "남편과의 부부생활은 어떠세요?"라고 물을 수 있게 된 건 50대가 된 이후부터다. 40대였을 때는 그런 말을 입에 담기 창피하다는 망설임 때문에 묻기가 어려웠다. 하지만 여전히 '부부생활' 같은 단어는 얼버무리게 되는데, 30~40대 여성 환자의 경우 내 말을 못 알아듣고 "네?"라며 고개를 갸웃거린다. 그럴 때는 결국 "섹스는 하시나요?"라고 다시 물어볼 수밖에 없다.

그건 그렇고, 그렇다면 왜 나는 이 질문을 하게 됐을까. 단순히 50대가 되고 나니 부끄러움이 사라졌기 때문일까.

그런 것도 없지는 않겠지만, 그 이유가 전부는 아니다. 특히 40대에서 50대 여성, 혹은 60대 여성에게 섹스는 매우 중요한 문제라는 것을 깨달았기 때문이다. 아니, 그보다도 어쩌면 40~50대 우울증 여성의 과반수가 '남편(혹은 연인)과의 섹스리스 문제를 가지고 있지 않을까' 하고 생각했기 때문이다.

섹스리스는 몸의 문제라기보다 '나를 이성으로 대하는 사람이 없다', '나에게 성욕을 느끼는 남자가 전혀 없다'라고 느끼는 마음의 문제를 가져온다. 설령 그 사람이 60세, 70세라고 해도 이 문제로 인해 본인이 가지고 있던 자신감과 자존감을 조금씩 잃어가게 되는 것이다.

아직 결혼을 안 했거나 애인이 없는 사람은 이 문제를 아예 체념해버릴 수 있다. 문제는, 결혼해서 남편이 옆에 있는데 섹스는커녕 키스나 포옹도 없는 경우다.

그중에는 직장에서 성공하고 아이를 잘 키워 일류 대학에 보냈는데도 '이 지구상에 나를 원하는 남자, 내 몸을 만지고 싶어 하는 남자는 아무도 없다'는 생각 때문에, 뭐라 형용할 수 없는 고독감과 초조함에 휩싸여 나는 살 가치가 없다고 말하는 사람도 있었다.

그럼 그런 여성들은 어떤 길에서 삶의 활로를 찾을까. 큰맘 먹고 남편을 유혹할까.

"부부니까 서로 대화를 해보면 어떨까요."

나의 이 아마추어 같은 조언에 진료실에 온 여성들은 하나같이 쓴웃음을 지으며 고개를 가로저었다.

"불가능해요. 그리고 저도 이제 와서 남편과 하고 싶은 마음도 없어요."

이러다가 결국에는 가정 밖에서 상대를 발견하는 여성도 있다. 즉, 속된 말로 불륜이라 불리는 관계에 빠진 사람이다.

여자로서의 가치

정신과의사가 도덕가는 아니기 때문에, "선생님, 솔직히 말씀드리면, 남편이 아닌 남자랑 섹스했어요"라고 털어놓는 여성에게 "그러면 안 돼요. 당장 그만두세요"라고 말하지는 않는다.

환자들은 그 사실을 털어놓으면서도 자신이 아직 누군가에게 필요한 존재라는 기쁨 때문에 눈물을 글썽이고 볼이 빨개진다. "이곳에 처음 왔을 때의 우울했던 기분까지 싹 사라졌어요"라고 말하는 여성에게 나는 의사로서 "건강해지셨으니 다행이네요"라고 말할 수밖에 없다.

지금은 SNS가 발달해서 과거의 연인이나 오래 연락이 두절되었던 동창의 소식을 쉽게 알 수 있다. 25년 만에 스마트폰으로 메시지를 주고받으면, 그때의 관계로 돌아갈 것만 같은 기분이 든다고 말하는 사람도 있다.

"하나도 안 변했네", "너도 그래"라는 이야기를 주고받다 보면, 자연스럽게 다음 단계는 "우리 만날까?"가 된다. 이 시점이 됐을 때 그제야 "나 50대 아줌마 다 됐어. 그때랑은 다를 거야. 얼굴도 처지고 체중도 늘고……"라고 말해보지만, 상대방이 "그건 나도 마찬가지야. 백발의 흔한 아저씨지"라고 말한다면, 더 이상 거절할 명분도 사라진다. 그렇게 해서 실제로 만나면 처음에야 '예전에 비해 꽤 변했네……'라며 실망하겠지만, 상대방이 "하나도 안 변했네. 옛날 매력이 그대로 있어"라는 말을 해주면 그 말에 신이 나서 황홀한 기분에 빠지는 것이다.

그런데 이런 식으로 동창이나 옛날 연인과 섹스를 한 여성에게 '재미있는 일'이 일어난다.

어떤 사람은 그 길로 바로 "남편과 헤어지고 이 사람과 결혼하고 싶다"라고 말하기도 하지만, 대부분의 경우 상대와의 관계가 일단락되면 "이런 남편이지만, 이제껏 오래 같이 살았으니 앞으로도 이렇게 살아야겠지"라며 안정을 찾는다. 여성으로서, 인간으로서 여전히 자신이 누군가에게 필요한 존재라는 자신감을 얻고 에너지를 보충하면, 결국 남편과의 결혼 생활에 그 에너지를 쏟아 붓는다. 어쩐지 옛날 드라마의 결말 같지만 사실이 그렇다.

상대방 남성 또한 여성이 "이제 우리 관계를 끝내고 싶다"라고 말하면 의외로 순순히 응하는 경우가 많다. 어쩌면 이 남성들 모두 속으로 '혹시 지금 결혼이라도 하자고 하면 어쩌지. 나한테도 가정이 있는데……'라며 덜덜 떨고 있었던 건 아닐까.

솔직히, 진료실을 찾은 여성이 "선생님, 역시 남편한테 잘하는 게 나을 거 같아요. 그 사람이랑은 이미 헤어졌고, 지난 주말에 남편과 온천에 다녀왔어요"라고 말하면 은근히 실망할 때가 있다. 나는 가끔 생각한다. 일본의 가정은 아이가 중심이고 부부간의 관계는 그다음 문제라고들 하지만 여성들의 속마음은 그와 다르지 않을까라고. 물론 아이도 소중하고 한창 아이를 키울 때는 남편보다 아이가 우선이 되기 쉽지만, 그렇다고 해서 아내로서의 나와 여성으로서의 내가 사라져버리는 건 아니기 때문이다.

하지만 여기에는 문제가 있다. 그건 바로 이러한 여성들의 파트너인 남편이 아내와의 관계나 섹스에 거의 무관심하다는 것이다.

진료실에 오는 같은 연령대의 남성에게 아내와의 관계를 물으면 "섹스요? 만약 하려고 아내에게 다가가면 아내가 분명 '하지

마! 머리가 어떻게 된 거 아냐?'라고 할 걸요"라며 콧방귀를 뀐다. 그럼 나는 진지하게 말한다. "그건 어디까지나 환자분 상상이죠. 꽃이라도 사 들고 돌아가서 아내에게 말해보세요. '늘 고마워. 오늘 밤 너와 사랑을 나누고 싶어'라고요."

하지만 안타깝게도 "알겠습니다"라고 수긍해준 남성은 이제껏 한 명도 없었다. 50~60대 남성들 모두 내가 아무리 진지한 얼굴로 말해도 "선생님, 왜 그러세요. 그만하세요. 징그러워요"라며 대화를 피하려고 할 뿐이다. 남편들이 이런 식인 한, '나도 여자로서 누군가에게 필요한 존재이고 싶다'는 여자들의 생각에 응답해줄 사람은 집 밖의 남자 외에는 없을 것이다.

단, 앞서 말한 것처럼 누구나 예전 연인이나 동창을 다시 만날 정도로 배짱이 있는 건 아니다. 그렇다면 결국 자기 자신에게 이야기하자.

"섹스리스는 남편이 무책임하기 때문이지, 결코 나에게 매력이나 가치가 없기 때문이 아니야."

그래도 '나는 쓸모없는 존재'라는 생각이 든다면, 섹스 이외의 무언가에 몰두하면 어떨까. 예를 들면 지역 봉사활동 같은 것 말이다. 그곳에서 "당신 없이는 진행이 안 돼요"라는 말을 들으면서 자존감을 높이는 것도 좋은 방법일 것이다.

또한 절대 실행에 옮기지 않겠다고 다짐한다면, 남녀 만남 SNS에 접속해보는 것도 괜찮은 방법이다(단, 무료 서비스에 한해서다). 시험 삼아 자신의 정보를 완전히 비공계로 등록해 슬쩍 살펴보면, '내 연령대에도 이렇게 많은 사람들이 서로 만나고 싶다고 말을 거는구나'라는 걸 깨달을 것이다.

'진지한 만남 찾기' 사이트에 등록하다

지금이니까 고백하는 건데, 사실 나도 40대 초반에 '진지한 만남 찾기' 같은 사이트에 접속한 적이 있었다. '이런 사이트의 실태를 파악해보자'는 리서치 목적으로 접속한 건데, 등록하자마자 몇 사람이나 되는 남성들에게 여러 개의 메시지를 받았다.

"의료관계자라면, 간호사이신가요? 저는 요양시설에서 일하는 직원입니다. 일에 관한 고민을 나누고 싶네요."

메시지를 받고 '다들 나름대로 진지하네'라는 생각에 바로 계정을 지워버렸다. 단순히 죄책감도 느껴졌지만, 한편으로는 '40대인데도 원하면 만나줄 남성은 꽤 있겠군' 하는 마음에 어떤 의미에서 든든한 기분도 들었다. 그 사이트에는 50대, 혹은 그 이상의 남녀도 꽤 등록돼 있었다.

이 세상에 이성과 섹스만 하고 싶어 하는 여성은 없을 것이다. 만약에 그런 사람이 있다면, 이미 어딘가에서 실행에 옮기고 있지 않을까. 섹스를 통해 나 자신의 가치를 확인하고 싶다면, 굳이 그런 식으로 확인하지 않아도 이미 본인은 충분히 가치 있는 사람이라는 것을 기억하길 바란다. 그리고 그것을 꼭 확인해야겠다면, 섹스 이외의 수단은 얼마든지 있다. 그래도 역시 한번 해보고 싶다면, 그런 수단 또한 여러 가지가 있다.

무엇보다 현재 나이가 몇 살이든 '나는 섹스가 하고 싶은 걸까…… 아닌 걸까……'라고 생각하는 건 전혀 이상한 일이 아니다. 이 말을 꼭 강조해두고 싶다.

우리는 왜 섹스를 하는가

이시다 이라의 소설 『렌트』가 2016년 마쓰자카 도리 주연의 연극으로 상연되었다. 이후 영화로까지 만들어지면서 대담한 성 묘사로 화제를 모았다.

주인공 료는 미도 시즈카라는 여성이 운영하는 '클럽 패션'에 들어가 일을 시작한다. 여기서 '일'이란 여자 손님이 있는 곳에 가서 섹스를 포함한 서비스를 제공하는 것이다. 말하자면 료가 하는 일이란 불법 매춘인 셈이다. 하지만 료를 '사는' 여자들은 모두 몸의 일시적 쾌감을 바라는 것이 아니다. 이들 모두 각자의 사정과 사연으로 '나는 여자로서, 인간으로서 더는 가치가 없다'며 자책하다가 몸과 마음을 닫은 여자들이다.

료는 연상의 여성이나 상처받은 여성을 존중하며 조심스레 다가가는 데에 천부적인 능력을 가진 남자로 그려지는데, 이런 료를 통해 여성들은 경직된 몸과 마음을 풀고 그에게 부드럽게 몸을 맡기면서 얼었던 마음이 녹기 시작하는 것을 느낀다. 그리고 섹스가 끝났을 때 작은 빛이 가슴속에서 빛난다. '이런 나도 살 가치가 있어. 나는 아직 이 세상 누군가에게 필요한 존재야.'

그렇다고 해서 료가 여성들에게 뭔가를 일방적으로 주기만 하는 건 아니다. 그 역시 이성 간의 교제를 통해 무언가를 원하고 결핍된 부분을 채우려는 자신을 발견한다.

이 세상에는 왜 남자와 여자가 있는가. 남자와 여자는 왜 21세기에도 옛날과 똑같은 방식으로 섹스를 하는가. 그 대답이 이 소설 안에 있다.

그리고 현실에서 '클럽 패션'이라는 해답을 내놓을 수 없는 나는 진료실에 앉아 고개 숙인 여성들에게 어떤 처방을 내리면 좋을지 오늘도 끊임없이 고민한다.

'지구상에 나를 이성으로 대하는 사람이 전혀 없다'는 생각이

자신감과 자존감을 서서히 잃게 만든다.

여성으로서, 인간으로서 여전히 누군가에게

필요한 존재고 싶은 우리는,

어떤 길에서 삶의 활로를 찾는 것이 좋을까.

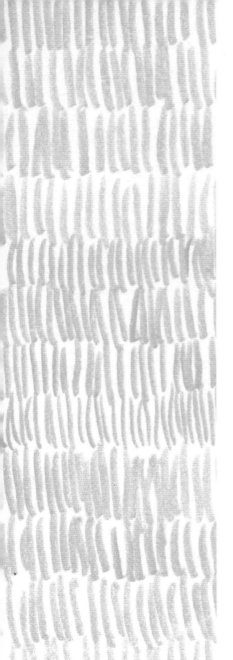

4장

혼자서 살아간다

막연한 불안에 대처한다는 것

마음이 갈팡질팡하는 건
50대가 돼도 마찬가지다.
그러니 독신 혹은 아이 없는 인생을
부끄러워하거나 후회할 필요도 없고,
그렇다고 지나치게 만족할 필요도 없다.

50대가 되자,

눈앞에 더 넓은 세상이 펼쳐졌다.

이 상쾌한 느낌이 계속되면 좋겠다.

독신은 상태지, 불행이 아니다

⭐ '아, 이렇게 해서 내 평생 아이는 없겠구나.'

50대에 접어들면서 내가 한 생각이다. 사실 40대가 됐을 때도 같은 생각을 했었다. 하지만 그 당시는 마침 불임 치료를 포함한 생식의료가 현저하게 발전하던 시기였기 때문에 「40대에도 아이를 낳을 수 있다!」 같은 제목의 기사가 이제 막 신문을 통해 보도되기 시작했다.

그뿐만 아니라 "아이는 있으세요?"라는 질문을 받아서 "아, 이제 마흔이라서요……"라고 대답하면, "아직 괜찮을 거예요. 보세요, 그 여배우도 마흔셋에 첫 아이를 낳았잖아요"라는 말이 돌아왔다. 더는 40대라는 나이는 핑계가 되지 않았다.

어떤 때는 "아이는요?"라는 질문에 "독신이라서요……"라고 대답해봤지만, 상대방은 도리어 목소리를 낮추고 "혹시 정자은행이라고 아세요? 의대생 같은 우수한 남성 정자를 고를 수 있대요. 내 친구는 거기를 통해 출산해서 싱글맘이……"라고 알려주는 사람도 있었다.

그러나 "아이를 별로 안 좋아해요"라든가 "혼자가 편해요" 같은 말은 여간해서 하기 어려웠다. 그렇게 대답하면 상대방도 더는 물고 늘어지지 않겠지만, 속으로 '가야마 씨는 피도 눈물도 없는 차가운 사람인가 봐'라고 생각할 것이다. 더구나 그 사람이 일 때문에 꼭 만나야 하는 사람이라면, 같이 일을 하는 데 여러 가지 지장이 생길지도 모른다.

그런 사정 때문에, 50대가 됐을 때 앞으로는 "이제 나이가 있어서 안 돼요……"라고 떳떳하게 말할 수 있겠다는 생각에 마음이 편안해졌다. 2015년 DJ 사카우에 미키가 마흔네 살에, 2017년에는 자넷 잭슨이 쉰 살에 각각 첫 아이를 낳았다. 어쩌면 머지않아 50대에도 아이를 낳을 수 있는 시대가 올지도 모르지만, 내가 쉰 살이 된 2010년에는 그런 움직임이 아직 없었다. 그래서 그 이후 아이가 없다고 했을 때, "아직 기회는 있어요"라며 부추기는 사람이 없어서 솔직히 마음이 편해졌다.

단, 나만 그런 건지는 모르겠는데 요즘 들어 '아이가 없는 건 좋지만 손자가 없는 건 좀 섭섭하다'는 생각이 들기 시작했다. 친구들을 봐도 "육아는 부모로서의 책임감 때문에 압박을 느꼈는데, 손자는 책임감 없이 예뻐하기만 하면 된다"라고 말하는 경우가 꽤 있었기 때문이다. 그 기분을 잘 알기에 한때는 '아이 있는 젊은 부부와 결연을 맺어서 손자를 한번 안아보고 싶다'는 몽상을 한 적도 있다. 너무 현실성이 없는 일이라 바로 그만두었지만. 결국, 그만큼 진지하게 손자를 원한 것도 아니었던 거다.

내 병수발과 장례식은 누가 해주지?

자식이나 손자가 없으면 '외롭다'는 감정적 결핍 이외에도 곤란한 점이 많다.

우선 '내 간병이나 장례식을 어떻게 해야 하나'라는 현실적인 문제가 따라온다. 하지만 이런 문제는 건강할 때 수속을 철저히 밟아놓으면 어떻게든 될 것이다.

최근에는 『독신을 위한 노후 준비』, 『독신인데 병에 걸린다면』 같은 실용적인 책도 나와 있어서 꽤 도움이 된다. 내 주변 사람들도 "우리가 일흔 살 정도 되면, 혼자 사는 세대가 폭발적으로 증가

할 거야. 그때가 되면 다양한 공적제도나 행정서비스가 생기지 않을까"라며 낙관적인 견해를 가지고 있다.

실제로 병원에 입원할 때도 보증인이 필요한데, 혼자 살아서 바로 와줄 가족이 없다고 말하면 "그럼 친구분도 상관없어요"라든가 "보증서를 쓰지 않아도 된다"라고 하는 경우가 많다. 그러므로 남편이나 자녀가 없다고 해서 입원을 거절당할 리는 없을 것이다. 여기서 이 속담을 언급한다는 게 좀 이상하게 보일 수도 있지만, 옛말에 "출산을 걱정하는 것보다 낳는 것이 쉽다(시작하기 전에는 걱정을 많이 했지만, 실제로 해보면 생각보다 쉽다는 의미의 일본 속담 – 옮긴이 주)", "필요는 발명의 어머니"라는 말도 있지 않은가.

이상적인 가족이 아니라는 불안감

앞으로 다가올 세상에서는 아마도 아이가 없거나 독신이라서 불편을 느끼는 일은 줄어들 것이다. 그러니 지금의 40~50대는 너무 걱정할 필요가 없다.

다만 내가 방금 '아마도'라는 말로 확신하지 않는 이유는 딱 한 가지 난관 때문이다. 현재 헌법개정이 현실화되고 있고, 그 헌법안에 "가족은 사회의 기둥이다" 같은 문장을 삽입함으로써 가족

제도를 강화하려는 움직임이 나타나고 있기 때문이다.

지나친 개인주의가 저출산을 야기하고 사회질서를 붕괴시킨다고 주장하는 사람들은 옛날 가족제도 – 부부와 자녀, 조부모까지 삼대가 함께 사는 가족 – 가 부활되기를 바라고 있다. 물론 삼대가 함께 살지 않으면 단속을 한다든가 혼자 사는 사람에게 세금을 더 걷겠다고 법으로 지정할 수는 없겠지만, 헌법에 "가족은 중요하다"라는 문장을 넣는 정도는 아무렇지도 않을 거라고 생각하는 사람도 있다.

구체적으로 말하면, 최근 개헌 초안이 공개되었는데 "가족은 사회의 자연 및 기본 단위로서 존중받는다. 가족은 서로 도와야 한다"라는 문장이 있다.

만일 이것이 채택된다면, 혼자 사는 사람들은 자신의 인생은 헌법에 위배되는 것이냐며 열등감을 느낄 수도 있을 것이다.

"아이는요?"라는 질문이 무서워

앞에서 굳이 "열등감을 느낀다"라는 표현을 썼는데, 가장 중요한 점은 이 점이 아닐까한다. 즉, **혼자 사는 사람은 '자신의 삶이 어떻게 불편한가'라는 구체적 문제 때문에 고민하는 것이 아니라, 열**

등감을 느끼는 본인의 감정이나 사고방식을 제대로 감당하지 못하기 때문에 힘들어한다. 특히 여성에게 이는 더 큰 문제로 다가온다.

나는 아이가 없다고 이 책에서 여러 번 언급했다. 나 스스로 육아가 적성에 맞지 않는다고 생각했고 아이를 대단히 좋아하는 것도 아니었기 때문에, 이제껏 살면서 '아, 아이 갖고 싶다'라고 생각해본 적이 단 한 번도 없었다.

그럼에도 40대 전까지 "아이는요?"라는 질문을 수없이 받아왔고, 40대가 되면서 이제 그 질문에서 벗어날 수 있기를 기대했지만 아니라는 것을 알고 실망했다. 그러다가 50대가 되었고, 이번에야말로 벗어날 수 있기를 기대하고 있다. 나는 "아이는요?"라는 질문을 두려워하며 내 인생 대부분을 살았다. 이는 곧 나처럼 '아이를 원한 적이 전혀 없는 사람'도 아이가 없다는 사실 때문에 사회에서의 평판이 나빠질까 봐 불안해하고 걱정해야 했다는 말이다.

그렇다면 만일 아이를 정말 갖고 싶었는데 잘 안 된 사람이나, 결혼해서 가족을 꾸리기를 간절히 바랐는데 결국 기회가 오지 않은 사람들은 어떨까. 아마도 나보다 몇 배는 더 다른 사람의 이목을 신경 쓰며 떨고 있을 것이다. 나아가 '내 인생, 아무런 의미가 없어'라며 스스로를 원망하는 사람도 있을 것이다.

이러한 경향은 남성보다 여성이 훨씬 강하다. '독신'이나 '아이 없는 여성'이 스스로를 비난하고 벌을 주고 있는 건 아닐까.

2016년 이스라엘의 젊은 역사학자가 쓴 『사피엔스』라는 세계적인 베스트셀러가 있다. 도처에서 호평이 쏟아지기에 나도 읽어봤는데, 어떤 부분을 읽다가 깜짝 놀랐다. 그 부분을 인용해보겠다.

사피엔스는 인지혁명 이후 스스로의 행동을 재빠르게 바꿀 수 있게 되었고, 유전자나 환경의 변화 없이도 새로운 행동을 후세에 전할 수 있었다. 그중 가장 두드러진 예로 가톨릭 성직자, 불교의 승려, 중국의 환관 등 아이를 갖지 않는 엘리트 계층이 반복해 나타났다는 것을 들 수 있다.

이 문장과 함께 현재 로마교황인 프란치스코의 사진이 첨부되어 있는데, 그 사진 밑에 이런 설명이 쓰여 있다.

가톨릭교회의 알파 수컷은 유전자 혹은 생태학적 이유가 없음에도 성교나 육아를 일절 삼간다.

알파 수컷이란 한 집단의 정점에 있는 수컷을 말하는데, 그렇다면 전 세계 13억 명이 넘는 가톨릭 신자의 정점에 서 있는 알파 수컷은 로마교황이라고 할 수 있을 것이다. 이 로마교황이 독신이라는 점은 굉장한 이야기다. 저자는 인류가 유전자 교환, 즉 번식을 하지 않고도 지혜나 문화를 후대에 전달할 수 있는 것이 다른 동물들과 인간의 결정적인 차이라고 말하는데, 실로 로마교황은 '인간이 인간이기 위하여' 독신을 실천하고 있는 듯 보인다.

이렇듯 역사적으로 독신 남성이 존경과 권력의 상징이었던 적은 많지만, 여성은 그렇지 않다. 여성은 어디까지나 출산하는 성性 혹은 가족을 떠받치는 성으로 여겨져왔고, 지금도 그런 시선은 여전하다. 그래서 각자의 사정이나 본인의 선택으로 인해, 혹은 어쩌다 보니 기회가 없어서 독신으로 살고 있는 여성들은 사회의 평판을 신경 써야 하거나 스스로가 떳떳하지 못한 마음을 안고 살아가야 한다. 참으로 이상한 이야기다.

만일 독신 여성에게 적어도 로마교황에 필적할 만한 지위가 있었다면, 아이를 낳지 않아도 주위 사람들에게 "내가 이 마을의 로마교황"이라고 설명하며 이해를 구할 수 있었을지 모른다는 생각을 할 때도 있다.

그러나 그런 지위가 없다고 하더라도, 여성만 독신이라는 것을 부끄러워해야 하고 억울해한다는 건 아무리 생각해도 불평등하고 이해하기 힘든 이야기다. 단, 그렇다고 해서 "나는 싱글이지만 내 삶에 만족해! 어쩌라고?"라며 뻔뻔하게 대하라는 건 아니다.

'아, 외로워', '그때 그 프로포즈를 받을 걸 그랬어'라는 부정적인 생각을 하거나 후회하는 것도 본인의 자유다.

타인의 시선을 너무 신경 쓰다 보면, 어쩌다 한 번 "나도 아이 가질 걸 그랬어"라는 말을 하고 싶어도 "거봐! 내가 뭐랬어!", "맞아. 너도 네 여동생처럼 고향에 내려와 결혼했어야 해"라며 비난당할 게 두려워 입도 뻥긋하지 못하는 여성도 있을 것이다. 이 또한 불합리하다.

현실적인 준비는 해둘 필요가 있다

인생은 흑 또는 백으로 단정 지을 수 있는 게 아니다. 나는 '아이가 없어서 다행이다'라고 생각하지만 재미있게 아이를 키우는 남동생 부부를 보면 '나도 이런 경험을 했으면 좋았을 텐데'라는 생각도 하고, 여행을 가서는 '아이가 있었다면 이런 건 못 했겠지. 역시 없는 게 나아'라는 생각도 한다.

마음이 갈팡질팡하는 건 50대가 돼도 마찬가지다. 그렇기 때문에 독신 혹은 아이 없는 인생을 부끄러워하거나 후회할 필요도 없고, 그렇다고 지나치게 만족해할 필요도 없다.

단, 나중에 병에 걸리면 어떻게 할지, 마지막은 어디에서 맞이할지, 그리고 장례식이나 무덤은 어떻게 할지 등 현실적인 문제만큼은 남에게 맡기지 말고 스스로 고민한 뒤에 어느 정도 절차를 정해둘 필요는 있을 것이다.

그리고 다시 한번 말하지만, 이런 경우 이용할 수 있는 사회적 자원이나 서비스가 점점 늘어나고 있다. 인터넷에 '독신 질병'을 검색해보면 다양한 체험기와 정보를 얻을 수 있다. 이 문제만큼은 회피하지 말고 꼭 조사해둘 것을 추천한다.

잠깐 검색만 해도 불안감이 커진다는 사람도 있을 수 있다. 하지만 전혀 불안해할 필요가 없다. "뭐야, 독신 선배가 이렇게 많았어?", "독신을 위한 NPO도 꽤 많이 있네"라며 안심하게 될 것이다. 혼자라는 것 때문에 불안해하기보다는 지금의 자유를 즐기는 것에 시간과 에너지를 쓸 수 있을 것이다.

80대 중반의 내 어머니는 한때 내게 이런 말을 한 적이 있다.

"50대인데 아이 없는 사람이 얼마나 부러운 줄 아니. 60대가 될 때까지 내 시간이 아주 많다는 거잖아. 실컷 즐기며 살고 얼마나 좋아. 그러니까 너 자신을 위해 돈이든 시간이든 실컷 쓰면서 지내."

평소 엄마 말을 잘 듣지 않던 나였지만, 이 말씀만큼은 따를 생각이다.

이성 친구는 필요한가

★ 50대를 넘기면 이성 친구보다 동성 친구가 소중하다는 말을 자주 듣는다. 특히 여성은 50대가 되면 부모 돌봄 혹은 간병이라는 큰 문제에 직면하는 경우가 많고, 그와 동시에 갱년기까지 맞아야 하기 때문에 자신의 몸과 마음 상태 또한 점점 걱정되기 시작한다.

즉, 2대 건강 문제가 앞길을 가로막는다. 이럴 때 의지가 되는 건 누구보다 이 문제를 먼저 경험한 내 바로 위 선배들과 힘을 보태줄 동성 친구들이다.

그렇다면 성이 다른 친구는 어떨까.

연인으로 발전하지 못하는 두 사람

2005년에 이토야마 아키코의 소설 『바다에서 기다리다』가 제 134회 아쿠타가와상을 수상했다. 나는 수상 소식을 듣고 '드디어 이런 시대가 왔어!'라며 마음속으로 쾌재를 불렀다.

이 소설은 연인 이상으로 서로를 의지하는 남녀 간의 우정을 그렸다. 간단한 줄거리는 이렇다. 종합직으로 입사해 후쿠오카 지사로 발령이 난 '닷짱'과 여자 주인공은 마음이 잘 맞는 동기다. 두 사람은 업무와 관련된 일이라면 뭐든지 이야기하고 서로 돕는데, 극 중 여자 주인공이 '닷짱을 위해서라면 뭐든지 할 수 있어'라고 생각할 정도다. 한편 두 사람은 긴 시간을 함께 보내지만 연인 관계는 아니고, 심지어 '닷짱'은 같은 회사에 다니는 사무직 여성과 결혼을 하게 된다. 여자 주인공은 의외의 조합에 놀라기는 하지만 충격을 받거나 질투하지 않는다. 그렇게 '닷짱'이 결혼한 뒤에도 두 사람의 우정에는 변함이 없고, 두 사람은 "둘 중 한 사람이 죽으면 그 사람의 컴퓨터 하드디스크를 부숴서 아무에게도 알리고 싶지 않은 비밀을 지켜주자"라고 약속한다.

결혼 후에도 변함없이 우정을 유지하다니, 대단하다. 나도 학창 시절과 인턴 시절에 연애 감정 없이 우정 혹은 동지로서 친하게 지낸 이성 친구가 있었지만, 모두 상대방이 결혼함으로써 관계가 일단락되었다. 어떤 경우는, "나 결혼해"라는 말에 진심으로 축하한다고 기뻐해줬으면서도 질투도 분노도 아닌 복잡한 감정이 들어서 '어? 나 이 사람 좋아했었나?'라며 당황한 적도 있다. 그럴 때마다 나는 이것이 바로 남녀 간 우정의 숙명이라고 생각했다.

하지만 『바다에서 기다리다』의 두 사람은 너무 가깝지도 너무 멀지도 않은 관계를 유지한다. 상대방이 일 때문에 힘들어할 때는 뭐든지 다 하겠다고 맹세할 만큼 열정적이지만, 그렇다고 상대방을 독차지하고 싶다는 생각은 전혀 하지 않는다. 이 열정은 어디까지나 일을 할 때에만 발생하는 감정인 것이다.

나는 이 작품을 읽은 뒤 회사에서 일하는 동성 친구 몇 명에게 이야기해주고 감상을 물어봤다.

그러자 "있을 수 있는 관계"라는 의견과 "그렇게까지 돈독하면 연애 관계로 발전하든가, 아니면 둘 중 한 명이 결혼해서 관계가 끝나든가. 답은 두 가지밖에 없네"라는 의견이 정확히 반반으로 나뉘었다. 이에 덧붙여 "지금은 아직 2005년이니까, 앞으로 10년 정도 후에는 남녀 간의 우정을 영원히 지속할 수 있을 만한 시대가 돼 있을지도 모르지"라는 기대도 했다.

그러나 지금 주위를 둘러봐도 여전히 남녀가 그들만의 끈끈한 우정을 유지할 수 있는 시대는 아닌 것 같다.

내 남자친구, 아쓰시

꽤 오래전 일이지만, 내 경험을 써보고자 한다.

그 사람을 임의로 '아쓰시'라고 하자. 당시 아쓰시와 일 때문에 정기적으로 만날 기회가 있었다. 갑자기 일정이 변경될 때가 많은 일이었던 터라, 변경되면 스태프들이 모두 예민해지고 초조해하고는 했다. 하지만 아쓰시는 나보다 다섯 살이나 연하였음에도 "뭐, 어떻게든 되겠죠"라며 덤덤한 모습을 보였다. 그런 모습을 통해 배우는 점도 많았다.

아쓰시는 사적인 이야기를 전혀 하지 않았기 때문에, 결혼은 했는지 안 했는지, 혹시 싱글이라면 연인은 있는지도 잘 몰랐다. 다만 가끔 문자메시지로 연락해 일에 관련된 고민을 털어놓았기 때문에, 나를 어느 정도 신뢰하는구나 생각하고 있었다.

어느 날, 근무지에서 함께 일을 하고 퇴근하는 길에 나는 아쓰시에게 "저녁 먹고 갈까?"라고 물었지만, 그는 "오늘은 선약이 있어요"라며 바로 거절했다. 본인한테 관심 있는 걸로 착각했나 생각했는데, 그날 밤 "모처럼 제안해주셨는데, 오늘 선약이 있었네요. 죄송합니다. 다음에 꼭 같이 먹어요. 앞으로 하게 될 일 때문에 조언도 받고 싶으니까요"라는 메시지가 왔다. 그래서 "다음 주 즈음으로 하자"라고 이야기가 된 것이다. 이후 우리는 가끔 일이 끝난 뒤 가볍게 식사를 했고, 일 이야기뿐만 아니라 그 외의 이야기도 나누게 되었다.

단둘이서 이야기를 나누다 보니 동성 친구에게 꺼내기 어려웠던 말도 스스럼없이 털어놓을 수 있었다. 예를 들어, 같은 학교를 다닌 여자 동창에게는 수입이나 저축에 관한 이야기를 꺼내기가 힘들고 들어주는 것도 재미가 없다. 나도 모르게 스스로 비교하게 되고 "연봉이 그렇게 많아?", "재산이 엄청나네. 남편이 부자니까 당연히 그렇겠지"라며 부러워하거나 가끔 샘을 낼 때도 있기 때문이다. 그런데 상대방이 이성일 때는 애초에 비교 대상이 안 된다고 생각해서 그런지 "지금 병원 월급이⋯⋯"라며 스스럼없이 말하게 된다. 그런 면에서 이성 친구가 편하고 좋다고 생각했다.

그러나 한 달에 한두 번 그렇게 식사를 하다 보니, 어느 날 문득 혼란스러워지기 시작했다.

'지금 나에게 이 사람은 소중한 사람 중 한 명인 건 분명한데, 이성 친구에게는 대체 어디까지 이야기하고 의지해도 되는 걸까⋯⋯.'

예를 들어 지금 대지진이 일어난다고 가정해보자. 그가 만일 연인이라면 맨 먼저 달려오겠지만, 친구라면 그 순위가 꽤 내려갈 것이다. 또 연인이라면 부모님 댁에 일이 생기거나 내 건강에 문제가 생겼을 때 가장 먼저 의지할 수 있고, 때때로 도움을 요청할 수도 있을 것이다. 하지만 친구라면 "지금 바로 와줘"라는 말을 하기가 망설여질 것이다.

또한 고민을 털어놓을 때도, 그가 연인이라면 나에게 잘못이 있어도 내 편이 돼주기를 바랄 것이다. 결혼한 사람들이 자주 하는 말 중 "이 세상 모든 사람이 적이 됐을 때, 내 편 들어줄 사람이 생겼구나"라는 말이 있다. 어떤 순간에도 너는 잘못이 없다며 나를 무조건 믿어줄 사람은 친구가 아니라 연인인 것 같다.

그런 면에서, 아쓰시는 내가 고민을 털어놓았을 때 "내 생각에는 네가 그렇게 대응한 게 잘못이었던 것 같아"라고 매우 쿨하게 대답했다.

그러던 사이 아쓰시와 정기적으로 하던 일이 종료되었고, 그와 동시에 자연스럽게 식사도 할 수 없게 되었다.

하지만 이후에도 꽤 오래 메시지를 주고받았다. 그전과 마찬가지로 일에 관련된 내용이었다. 일 이야기만 한 건 아니었지만 이제 마주칠 기회도 없는데 만나자고 하기에는 좀 조심스러웠다. 어디까지가 괜찮은 건지를 잘 몰랐다고 할까.

아쓰시와의 우정은 그렇게 '문자메시지'로 그쳤다. 그러다가 그 빈도도 점점 줄어 결국 생일, 크리스마스, 혹은 명절 같은 기념일에 "잘 지내세요? 저는 늘 똑같아요" 같은 안부 메시지만 주고받을 정도로 관계가 멀어졌다.

연인이 아니기에 룰이 필요하다

　나는 이 경험을 통해 이성 친구 사이에는 룰이 필요하다는 것을 깨달았다. 그 룰이란 바로, 둘 사이에 우정 이상의 감정이 없다는 걸 확인할 때까지 단둘이 만나는 일을 피하라는 것이다.

　나는 '업무상 회의' 같은 명백한 목적이 있을 때는 남성과 단둘이 식사를 하거나 바에 갈 때도 있다(이것도 피해야 한다는 사람이 있지만, 나는 괜찮다고 본다). 단, 연애 관계로 발전할 가능성이 조금이라도 있는데 명확한 목적 없이 밥이나 먹자며 단둘이 만난다면, 동성 친구에게는 보여주지 않았던 어리광이나 소유욕이 생길 수 있다. 그러면 둘 사이에 갑자기 '수상한 기류'가 감돌기 시작하고, 그렇게 되면 그저 웃다가 어깨를 스쳤을 뿐인데도 다른 의미가 발생할 수 있다.

　두 사람이 성숙한 어른이고 오히려 그런 묘한 관계를 즐기고 싶다면 상관없지만, 순수하게 남녀 간의 우정을 지키고 싶다면 수상한 기류가 끼어들 여지 자체를 배제해야 할 것이다. 그렇기에 연인 관계로 발전할 수 있는 일대일 식사는 피하라고 말하고 싶다. 우선 3인 이상의 인원으로 만나면서 서로의 성별 차이에서 오는 수상한 기류가 완전히 사라졌을 때 "오늘 ○○가 안 된다고 했지만 우리끼리라도 밥 먹을래?"라고 제안해보는 건 어떨까.

위험한 건, 여성이 싱글일 경우(아니, 기혼자일 수도 있지만) 이성 친구를 보고 설렘을 느껴 기회가 되면 연인으로 발전하기를 바라는 경우다.

시니어의 연애는 어려워

요즘에는 50대 이상 여성이 읽는 잡지도 "영원히 여자이고 싶다"라는 주제로 특집을 기획하고, 시니어 여성에게 설렘과 두근거림을 느껴보라고 권유하는 신문 기사도 드물지 않게 접할 수 있다.

그런 기사라고 해도 불륜을 긍정하지는 않기 때문에, 보통 싱글 여성이나 돌싱에게는 연인 만들기를, 기혼자에게는 남편에게 다시 설렘을 느껴보는 '리마인드 연애'를 권한다. 또한 어떤 잡지에서는 "설렘이라는 감정을 느끼면 여성호르몬이 다시 분비되고 피부와 머리카락에서도 윤기가 나기 시작한다"라며 미용과 건강을 위해 연애가 효과적이라고 주장한다.

하지만 설령 본인과 상대방이 둘 다 싱글이어도 시니어 여성들의 연애는 그리 간단한 문제가 아니다.

최근 진료실로 찾아오는 50~60대 여성 환자 중, 친하게 지내는 남성이 있는데 그 사람이 연인인지 그냥 친구인지 잘 모르겠다고 고민하는 사람이 꽤 있다. 그들은 착실한 성격인 데다 대부분 여성은 조신해야 한다는 교육을 받고 자랐기 때문에 "나는 당신의 연인이야, 아니면 그냥 친구야? 확실히 했으면 좋겠어"라고 묻지 못한다.

어떤 여성 환자는 "분명 이런 아줌마가 무슨 내 연인이냐고 생각할 거예요. 괜히 물어봤다가 '당연히 친구지'라는 말을 듣느니, 그냥 연인일지도 모른다는 기대 속에 사는 게 나아요"라고 고백하기도 했다.

게다가 이 사람들은 지금 상대와 끝나면 앞으로 이성과 친하게 지낼 기회 자체가 없을 거라고 생각하기 때문에, '배수의 진'을 칠 각오로 임하는 사람도 많다. 그렇게 되면 결국, 젊은 여성 못지않게 상대에게 집착하게 되는 것이다.

한 60대 여성이 "이렇게 전화로만 이야기하는 관계는 싫어요……"라며 손수건을 쥐고 눈물을 훔치는 걸 보고 "인생은 짧아, 사랑을 해요, 아가씨야"라는 노래 가사가 떠오른 적도 있지만, 이는 결코 웃을 일이 아니다.

가와카미 히로미의 명작 『선생님의 가방』에 나오는 쓰키코는 37세 싱글이다. 고교 시절 동경하던 국어 선생님과 선술집에서 우연히 만난 걸 계기로 자주 만나 이야기를 나눈다. 선생님은 서른 살이나 연상이지만, 쓰키코에게 "쓰키코 씨, 우리 데이트합시다"라며 마음을 고백한다. 쓰키코가 "그럼 우리 사귀어요"라고 대답하면서 둘은 함께 시간을 보내게 된다.

이 두 사람은 열렬한 연인은 아니지만, 쓰키코는 그와의 관계를 우정도, 옛 선생님과의 교제도 아닌 엄연한 연애라고 생각한다. 그러나 현실에 선생님 같은 남자는 없다. 대부분의 남성은, 특히 상대방이 연배가 있는 경우, 우정인지 사랑인지 확실히 할 각오도 용기도 없이 애매한 상태로 계속 만나며 술을 마시고 밥을 먹으려고 한다. 만일 그 애매함을 견디지 못할 것 같다면, 우정이든 사랑이든 남성에게 기대하지 말고 동성 친구와의 관계를 소중히 하는 게 낫지 않을까.

아무리 나이 따위 상관없다고 생각해도, 남자와의 관계 문제에서는 아주 조금 나이를 의식하는 편이 나을 수 있다. 책임감 없는 남자에게 휘둘려 상처받거나 시간과 돈을 헛되이 써버리기에는 자신의 소중한 현재가 너무 아까우니 말이다.

마음 편한 50대가 시작된 이유

★ 나는 원래 삶에 집착하지 않고 물 흐르는 대로 사는 편이지만, 이제 와서 생각해보면 40대 즈음에는 내 나름대로 불안했던 것 같다. 파트너는 있어도 법적인 남편은 없기 때문에, "부모님 돌아가시면 서류상에 저 혼자 남아요"라고 말하는 환자에게 "저도 그래요"라고 말할 뻔한 적도 있고, "저는 아이를 낳지 않았는데 요즘 들어 인간이 마땅히 해야 할 일을 못 했다는 생각이 들어요"라고 고민하는 환자에게 그렇지 않다고 조언하면서도 마음속으로는 '이해해요'라고 말한 적도 많았다.

현재 내 일상에 만족해도 마음 한구석으로는 '인생을 살면서 해야 할 중요한 임무를 하지 못했다'는 석연치 않은 마음이 들고, 그 마음이 앞날의 불안 요소로 작용한다.

나는 결혼도 안 했고 아이도 없다. 의사지만 내 병원이 있는 것도 아니고, 연구를 열심히 하는 것도 아니다. 매일 한 시간 이상 전철에 실려 대학과 병원으로 출근하고 퇴근할 때가 되면 이미 녹초가 되어 있다. 피곤한 몸을 이끌고 집으로 돌아오면, 청소와 요리는 커녕 바로 잠옷으로 갈아입고 만화책이나 텔레비전을 보며 하루를 마무리한다. 식사는 물론 편의점이나 슈퍼마켓의 도시락이다.

'40대가 되면 이렇게 살고 싶다'는 이상이 있었던 건 아니지만, 막연히 상상했던 내 인생과 너무 달라서 가끔 이렇게 살아도 될까 싶은 생각이 들고, '이렇게 50대가 되는 건가?' 싶어서 이내 초조해진다. 그런데 쉰 살이 된 순간, 앓던 이가 빠진 것처럼 마음이 가뿐해졌다. 그 이유는 내 인생에 아이는 없다는 것이 확실해졌기 때문이다.

물론 어차피 특별한 것 없이 사는 날들이었지만, 적어도 앞으로 주위 사람들에게 "아이는요? 마흔다섯 살도 앞으로 노력하면⋯⋯" 같은 말은 듣지 않겠지.

그렇게 편히 마음먹은 순간, 이제껏 별로 친하지 않았던 주위의 50대 선배들이 먼저 만나자고 말을 걸어주었고 "이제부터 시작이야", "50대도 꽤 나쁘지 않아"라고 격려해주었다. 그 선배들 중에는 아이가 있는 사람도 있고, 벌써 손자가 있는 사람도 있다. 그리고 나처럼 아이가 없는 사람도 있다.

이렇게 해서 생각보다 마음 편안한 50대가 비로소 시작된 것이다.

내 소중한 두 남자친구 이야기

50대가 됐을 때 '이제 해방됐구나' 하고 느꼈던 게 또 있다. 그건 바로 이성 친구들과의 관계였다. 앞에서도 말했듯 "연애는 몇 살까지 가능한가"라는 질문에 정답은 없다. 50대나 그 이상이 되고 나서 시작되는 사랑도 있다.

말은 그렇게 했지만, 마음속으로는 '50대인 내가 남자한테 접근해봤자, 자기한테 관심 있나 생각조차 안 하겠지'라며, 나의 연애 가능 연령을 '50세'로 정해놓고 있었다. 정확히 말하자면, '나의 연애 가능 연령'이 아니라 '내가 연애 대상이 될 수 있는 연령'이 맞을 것이다. 그렇게 생각하자 40대였을 때와 비교가 되지 않을 정도로 남성을 대하기가 편해졌다. 가볍게 말을 걸거나 여럿이서 식사도 할 수 있게 되었다.

예를 들어, 정치학자 야마구치 지로나 작가 사토 마사루는 지금 내가 가장 많이 의지하는 친구다. 때때로 다른 친구들과 함께 점심을 먹기도 하고, 서로의 가족에 관해서도 잘 알기 때문에 "지난 번에 아내가……" 같은 대화도 물론 한다.

두 사람은 나에게 매우 소중한 존재다. 만일 그들이 어떤 부탁을 한다면 만사를 제쳐놓고라도 가장 먼저 그들을 도울 것이다. 또한 일 문제로 고민이 생길 때도 '대학 동창인 야마구치한테 이야기할까, 아니면 60년생인 사토에게 이야기할까' 하며 두 사람을 떠올릴 것이다.

그러나 이런 관계에 연애 감정 같은 건 전혀 없다. 연애로 발전할 요소가 없으면 이성과의 우정이 성립한다는 것을, 나는 50대가 되어서 처음 깨달았다.

그 이후로 나는 마음이 아주 편안해졌다. 새로운 것을 시작해볼 마음도 생겼다. 동성이든 이성이든, 연상이든 연하든 '우정'이라는 큰 기둥으로 친해질 수 있다는 것을 깨달았다. 그리고 '어쩌면 이 사람과 연애하게 될지도 몰라' 같은 공상 혹은 망상에서 벗어날 수 있게 되었다.

50세 너머의 새로운 도전

최근에 '종합진료과'라는 새로운 과에서 의료기술을 배우기 시작했다.

정신과의사 생활을 오래 하다 보니, 마음을 고치는 데만 치중하고 몸을 고치는 데에 너무 소홀했다는 생각이 들었기 때문이다.

의사면허는 분과에 상관없이 한 종류이기 때문에, 할 수 있다면 정신과 외의 몸을 진료하는 것도 기본적인 것부터 다시 배우고 싶었다. 진작부터 생각은 했어도, 그렇다고 어디에 가서 어떻게 공부를 해야 하는지 막막하기만 했다.

그러던 어느 날, 우연히 인터넷에서 병원 정보를 보다가 한 대학병원 종합진료과 홈페이지에 들어가게 되었다. 그리고 홈페이지에서 "다른 과에서 진료하는 의사분들의 재연수 또한 환영합니다"라는 문구를 보았다. 그 정보에 따르면, 지금까지 방사선과나 산부인과 의사로 일하던 사람들이 몸 전체를 진료하고 싶다며 이 병원에서 재연수를 받았다고 한다.

하지만 의사가 자기 전공이 아닌 과에서 재연수를 받는다면 보통 30대, 늦어도 40대가 많겠지. 걱정은 됐지만, 이걸 놓치면 두 번 다시 기회가 없을 것 같아서 일면식도 없는 병원 안내센터로 메일을 보냈다. 그러자 "괜찮으시면 보러 오셔도 됩니다"라는 답이 왔고, 그 후로 일이 순조롭게 진행됐다. 그래서 지금은 일주일에 한 번 그 병원 종합진료과 외래에서 진료를 하며 이것저것 배우고 있다.

외래진료를 하는 의사들은 나보다 스무 살 이상 젊은 사람이 대다수다. 그 젊은 의사 중에는 심지어 내 대학 동창의 딸도 있다. 하지만 젊은 의사들이 워낙 친절해서 나는 아무 어려움 없이 유익한 시간을 보내고 있다. 물론 종합진료과 기술이 전혀 없기 때문에 기본부터 배워야 한다.

만일 내가 30대나 40대 초반이었다면, 30대 남성 의사에게 간단한 말을 걸 때도 상대방이 남자라는 걸 의식했을 것이다. 아니면, 너무 스스럼없이 대하면 오해할지도 모른다는 이유로 말 걸기조차 주저했을지 모른다.

그러나 '50대 인턴'인 나는 이제 젊은 의사가 남성이든 여성이든 아무런 거리낌 없이 대한다. "죄송한데, 이 검사치는 어떻게 해석하면 될까요?", "선생님, 지금 보고 있는 환자요, 청진기를 대보니 심잡음이 나는 것 같아요. 확신이 안 들어서 그러는데 선생님이 한번 봐주시겠어요?"라며 뭐든지 묻고 의지한다.

50대는 눈앞의 안개가 걷히는 나이라는 걸 요즘 들어 절실하게 느낀다. 연애로 발전할지 모른다는 생각에서 해방되는 게 이렇게 멋진 일이라니.

하지만 이건 어디까지나 내 개인적인 감상이다. 50대나 60대, 혹은 나이가 더 많은 여성에게도 기회는 있을 것이다. 그것이 불륜 같은 게 아니라면, 연애를 많이 했으면 좋겠다.

　다만 나 같은 경우는 정년보다 조금 빨리 연애라는 무대에서 내려왔고, 그러자 눈앞에 더 넓은 세상이 펼쳐졌다.

　앞으로 60대가 되면 어떨까. 그때가 되면 우스운 수치심이 생겨서 "이 나이에 창피하게 젊은 의사한테 일일이 가르쳐달라고 해야겠어?"라고 말하거나, 성격도 소극적으로 바뀔지 모른다. 아니면 '누군가를 한번 좋아해볼까?' 하는 엉뚱한 마음이 들 수도 있다.

　하지만 되도록 지금의 이 '상쾌한 느낌'이 계속됐으면 좋겠다. 그 상쾌한 기간 동안 종합진료과 기술을 배우고 싶기 때문이다. 그런 의미에서 나에게 정년 전야인 50대는 지금까지와 다른 꽤 재미있는 10년이 될 것이다.

막연히 상상했던 내 인생과 너무 달라서

가끔 이렇게 살아도 될까 싶은 생각이 들고

이렇게 50대가 되는 건가 싶어서 초조해졌다.

그런데 쉰 살이 된 순간,

앓던 이가 빠진 것처럼 마음이 가뿐해졌다.

지금의 이 상쾌한 느낌이 계속됐으면 좋겠다.

5장

주거가
고민입니다만

혼자 사는 여자들의
이상적 삶의 방식

좋은 물건을 갖고 싶다,
새로운 물건에 관한 정보를 모으고 싶다,
직접 가서 보고 싶다,
내 손에 넣고 싶다 같은 욕구들은
혼자 사는 여성에게는 특히나
살아가는 힘이 될 수 있다.

나이가 들어도,
언제든 편히 영화를 보러 가고
쇼핑도 하고
밖에서 술도 마시고 싶다.

주거 문제와 흔들리는 나의 계획

☆ 자가와 임대, 어느 쪽이 나을까.

주거 문제 또한 정년을 맞는 사람에게는 커다란 문제다. 예를 들어 지금까지 맨션이나 단독주택을 임대해 살던 사람이 60세가 돼서 집을 사겠다고 대출을 받으려고 한다면 어떨까.

우선은 무리다. 정부지원 대출이나 민간은행 대출의 최장 상환 기간이 35년이기 때문에, 예를 들어 50세인 사람이 35년 상환으로 대출을 희망한다면 만기가 85세라 거절당할 것이다.

예전에 조사해봤더니, 은행 대부분이 대출 신청 당시 연령과 만기 당시 연령에 상한을 정해두었다는 것을 알 수 있었다. 정부지원 대출은 원칙상 신청 당시 연령이 70세 미만, 민간은행 대출은 만기상환 당시 연령이 75세 혹은 80세 이하라는 조건이 있다. 예를 들어 2000만 엔의 계약금을 이미 가지고 있는 상태에서 1000만 엔을 빌려 10년 내에 갚겠다고 한다면 55세에도 대출이 가능하겠지만, 3000만 엔을 30년 상환으로 갚는다는 건 불가능하다고 볼 수 있다.

도쿄에서 맨션을 구입하다

나는 40대에 도쿄에 있는 맨션을 구입했고, 감사하게도 올해로 대출금 상환이 끝난다.

그런데 사실은 요즘 그 맨션을 팔까 고민하고 있다. 고생해서 구입한 맨션이지만, 너무 낡았고 배리어 프리(barrier free, 노인과 장애인에게 방해가 되는 물리적·제도적 장애물이 없는 환경 – 옮긴이 주)가 아니다. 현관에 들어서려면 돌계단을 열 계단 정도 올라가야 해서, 나중에 혹시 다리가 불편해지면 계단을 오르내리는 게 큰 부담이 될 것이다.

게다가 평생 도쿄에서 살고 싶다는 마음도 점점 사라지고 있다. 물론 이것은 그저 '기분'이기에 다시 바뀔 가능성도 있지만, 60대가 되면 지방 어딘가로 내려가 병원 일을 하면서 사는 것이 지금 내 막연한 희망이다. 60대부터 70대까지는 의료업에 종사하다가 그 이후에는 요양원에 들어가면 좋지 않을까.

진료실에 있다 보면 "부모님이 요양원에 들어가려고 하지 않아서 고민이다"라는 이야기를 자주 듣는다. 이런 경우 보통 부모님은 지방에서 단둘이 지내시거나 혼자 지내시는데, 본인은 도쿄에서 일도 해야 하고 가족도 있기 때문에 쉽게 본가로 내려갈 수 없다. 부모님께 "올라오시는 건 어때요?"라고 말씀드리면 "평생 산 곳을 떠날 수 없다"며 거절하신다.

하지만 지방은 어디를 가나 인구 감소 때문에 상점가가 쇠퇴하고 있어서, 그곳에서 식재료를 구하려면 차를 타고 교외 슈퍼마켓까지 나가야 한다. 그들은 "부모님이 아직 운전을 하시기는 하지만 이제 80대고, 실은 치매도 조금 시작되셨거든요. 가능하면 운전을 안 하셨으면 좋겠는데, 차가 없으면 생활이 불가능한 것도 사실이고……. 제 마음 같아서는 믿을 만한 요양원에 들어가신다면 안심이 될 텐데……"라고 한다.

"요양원이라니, 말도 안 돼……"라며 가서 보는 것조차 싫어하는 부모를 어떻게 설득해야 할지 몰라 고민하다가 불면증이나 우울증이 생겨 병원을 찾는 사람들이 요즘 꽤 있다.

노년에도 영화를 보러 가고,
쇼핑도 하고, 밖에서 술도 마시고 싶다

그렇다면 아이가 없는 나는 어떻게 하면 좋을까.

최근 들어 '노후 생활'이 내게 현실적인 문제로 다가오기 시작했다. 그리고 우리 가족 중 몇 안 되는 젊은이인 조카를 절대로 고생시키고 싶지 않다는 생각이 들어서, '어느 정도 나이가 되면 미련 없이 요양원에 들어가자'는 생각에 이른 것이다.

쭈뼛쭈뼛 요양원 안내 책자를 봤는데, 그야말로 가격이 천차만별이었다. 입주 시 일시금이 무료라는 곳부터 억 단위라는 곳까지 있었다. 매월 내는 부담금도 각양각색이라고는 하지만, 입주하려면 역시 어느 정도 목돈은 필요할 것이다. 그렇게 생각했을 때, 대출금 갚느라 고생은 좀 했지만 그에 얽매여 집이 낡아 집값 떨어지는 걸 넋 놓고 보고 있기보다는, 어느 시점에 큰맘 먹고 팔아서 요양원 입주 비용으로 돌리는 게 낫지 않을까.

하지만 지금 내가 영화나 콘서트를 보러 나갔다가 밤늦게 귀가하는 생활을 누릴 수 있는 건 그래도 도쿄에 맨션이 있기 때문이다. 도심에서 택시를 타고 집에 가도 1000엔 남짓이다. 사실 '지금 사는 집이 역시 편리해'라는 생각을 할 때도 적지 않다. 그러나 나이가 들어도 이 정도의 호사를 누려야 한다고 생각하지는 않는다.

그저 너무 외롭지 않은 곳에 살면서 아주 가끔 문화생활을 즐기는 것, 그게 원하는 전부다. 만약 요양원에 들어간다고 해도 되도록 이런 생활을 보낼 수 있는 곳이었으면 좋겠다. 현재 어느 정도 규모가 있는 도시에 사는 50대 여성이라면, 자신의 노후 거처나 생활에 관해 이 정도의 이미지를 갖고 있지 않을까.

하지만 실제로 이는 '꽤 호화로운' 삶이다. 대부분의 요양원은 교외나 주택가 변두리에 있지, 가볍게 백화점이나 극장에 다닐 만한 거리에는 없다.

언젠가 스스로 요양원에 들어간다면

그럼 외진 곳에 있는 요양원에 들어간다면 어떨까.

예를 들어, 지금으로부터 10년 뒤 조카에게 폐를 끼치기 싫어 요양원에 들어갔다고 하자. 어쩌면 어디 산 중턱에 있는 요양원 내 방에서 저 멀리 내려다보이는 도시의 불빛을 바라보며 '내 인생은 결국 뭐였을까'라는 쓸쓸한 감상에 빠지지는 않을까.

반면 앞으로 나처럼 갈피를 못 잡는 50대가 부쩍 늘어날 테니, 그런 사람을 대상으로 한 도심형 요양원이나 "근사한 서양식 셰어하우스에서 시니어 라이프를 즐기자!"라는 광고가 등장할지도 모른다. 고도경제성장과 버블경제 시절을 경험한 지금의 50대와 60대는 늘 소비의 중심이었다. 그렇기 때문에 관련 사업가들도 우리를 타깃으로 한 상품과 새로운 비즈니스를 끊임없이 개발할 것이다.

나는 여전히 일본 사회에 뿌리 깊은 '유택(한국에서는 무덤이나 묘지를 의미하지만 일본에서는 임종을 맞이할 당시 살던 집, 앞으로 죽을 때까지 살게 될 집을 의미한다 - 옮긴이 주)'이라는 가치관을 그다지 좋아하지 않는다. 인생 종반에 접어들면 어딘가 한곳에 집을 정하고 자리를 잡아야 한다는 의미인데 굳이 그렇게 해야 할까.

물론 나이가 들면서 몸이 쇠약해질 걸 생각하면 오늘 당장 잘 곳이 없다는 게 불안할 수는 있다. 하지만 굳이 자가에 집착할 필요는 없지 않을까.

여배우 야마다 이스즈는 만년에 도쿄 히비야 제국호텔에 머물렀다. 80대 이후의 인터뷰를 보면 "단골 숙소랄까요…… 아니, 지금은 제 집이나 마찬가지죠. 편리해요"라고 밝히며 여유 있는 웃음을 지었다고 한다. 물론 누구나 제국호텔 같은 환경에서 지낼 수 있는 건 아니지만, 야마다가 만년에 지낼 집도 없다니 부끄럽다는 생각을 했을 것 같지는 않다.

단, 명심해야 할 점은 만년에 쓸 자금을 확보해둬야 한다는 것이다. 만약 요양원에 들어가기 전까지 살기 좋고 편리한 곳에 살면서 조금 사치를 부려보고 싶다는 생각을 한다면, 한 달에 10만~20만 엔의 월세나 유지비가 들어갈 것이다. 그리고 그 자금을 확보하기 위한 가장 확실한 방법은 역시나 '정년 전'에 모아놓은 저금이다.

물론 정년 후에도 자신에게 맞는 일을 이어갈 수는 있지만, 자신의 집에 영어회화 교실을 연다든가, 소설가로 데뷔하고 싶다든가, 이제껏 못다 이룬 꿈을 펼치며 돈을 벌겠다는 목표는 단념하는 편이 낫다. 그것보다도, 취미는 어디까지나 취미로 계속하면서 저금과 뚜렷한 아르바이트로 생활비를 확보하는 편이 정신적으로 안정된 생활을 하는 데 도움이 될 것이다.

나이가 들어도

지금 같은 호사를 누려야 한다고 생각하지는 않는다.

너무 외롭지 않은 곳에 살면서

아주 가끔 문화생활을 즐기는 것,

그저 그게 원하는 전부다.

물건은 어느 정도 필요할까?

☆ 혼자 살 때 꼭 필요한 물건에는 뭐가 있을까.

이는 영원히 끝나지 않을 질문이고, 그에 대한 답 또한 찾기 어렵다. '홀가분하게 살고 싶다', '필요 없는 건 버리고 가볍게 살고 싶다'는 생각은 누구나 하지만 요즘은 물건이 넘쳐나는 시대다. 심지어 여성들은 외출했다가 집으로 돌아가는 길에 새로 생긴 잡화점이 보이면 바로 들어가서 둘러보고는 한다. '이 스탠드는 좀 작아도 유럽 앤티크 같고 멋지다……', '뭐? 이게 1200엔이라고? 그럼 살 수밖에 없잖아'라며 예상 밖의 물건을 구입하고, 그렇게 또 물건이 늘어난다.

캠핑카 한 대 분량의 물건으로만 생활하기

내 지인 중 '캠핑카에서 사는 것'이 로망인 여성이 있었는데, 어느 날 갑자기 캠핑카에 실을 물건을 제외하고 다 버리겠다고 선언했다.

꽤 극단적인 정리법이라고 생각했지만, 그녀가 "캠핑카를 타고 여행 가면 그 안에 있는 물건만 가지고 일주일, 열흘을 살잖아. 그렇다는 건 결국, 그 외의 물건은 필요 없다는 거야"라고 말하는 것을 듣고 그녀의 말에도 일리가 있다고 생각했다.

1년 남짓 지나, 그녀를 다시 만났다. "지금도 캠핑카에서 지내? 집은 완전히 정리했고?"라고 묻자, 그녀는 쓴웃음을 지으며 고개를 가로저었다.

"역시 무리였어. 요즘 아웃도어 용품점에 가보면 괜찮은 캠핑용 속옷이랑 예쁜 겉옷이 얼마나 많은데. 인터넷 쇼핑몰을 둘러봐도 아웃도어용 요리용품에 별을 관측할 수 있는 망원경까지, 사고 싶은 게 계속 나와서 안 살 수가 없었어. 집 안이 아웃도어 용품이랑 옷으로 넘쳐서 발 디딜 틈이 없을 정도라니까. 캠핑카 한 대로는 절대 정리가 안 돼……."

그 말을 듣고 나는, 캠핑카에서 살겠다고 구입한 물건 때문에 집 안 정리가 안 된다는 그녀의 솔직함에 감탄했고, "무슨 말인지 이해해"라며 고개를 끄덕였다.

'혼자 사니까 『호죠키』(方丈記, 가모노 초메이가 쓴 가마쿠라 시대
수필로, 도시 생활에 실망과 좌절을 맛본 저자가 출가해 대자연 속에서
생활하며 자신의 내면을 응시한다는 내용 - 옮긴이 주)나 『쓰레즈레구
사』(徒然草, 요시다 겐코가 쓴 수필로 『호죠키』와 함께 일본의 3대 수필
중 하나로 평가받는 작품. 저자가 자연이나 사회에서 경험한 일을 중심으
로 자신의 감상을 서술했다 - 옮긴이 주)처럼 도시를 조금 벗어나 자
연을 벗 삼아 심플한 생활을 하고 싶다.' 누구나 이런 로망을 품어
본 적이 있을 것이다. 하지만 어디를 가도 쇼핑을 할 수 있고 집
밖에 나가지 않아도 인터넷으로 물건을 주문할 수 있는 현대인에
게 이는 어차피 실현되지 못할 꿈이 아닐까.

정말 필요한 것이 뭔지 깨닫다

나도 그랬다.

나는 캠핑카로 여행을 다니는 취미는 없었지만, 젊었을 때부터
병원 당직이나 강연회, 학회 출장 등을 다니며 집 이외의 장소에
서 머물 기회가 많았다. 30대 즈음에는 환자 상태가 급변하거나
당직 의사가 몸이 안 좋아져서 예정에 없던 당직을 자주 했다. 아

침에는 전혀 예정에 없었는데, 오후 여섯 시쯤 돼서 '오늘은 병원에서 자야겠다'가 돼버리는 것이다.

지금 생각하면 어떻게 그런 불규칙한 생활을 했는지 스스로 혀를 내두르지만, 당시에는 '이것쯤이야' 하는 생각이었고 딱히 고생도 아니었다. 당직실에는 샤워실이 있고 비누와 샴푸도 구비되어 있었다. 물론 유기농 제품 같은 건 아니었지만, 몸과 머리를 대충 감기에는 충분했다. 그리고 내 가방 속에는 늘 여행용 클렌징폼과 스킨이 들어 있는 파우치와 하루치 여벌 속옷이 있었기 때문에, 그렇게 불편하다는 생각도 하지 않았다. 마음에 드는 베개도, 프랑스 여행길에 사온 머그컵도, 읽다 만 책도 없었지만, 그런건 없으면 없는 대로 어떻게든 되는 것들이었다.

겉옷을 갈아입지 않았으니 청결하다고 볼 순 없지만, 2~3일이면 그다지 큰 지장은 없다. 특히 의사는 가운을 걸치기 때문에, 누군가가 "앗, 어제 입은 셔츠네"라고 알아차릴 가능성도 적었다. 그래도 필요한 게 있다면 근처 편의점에 가서 바로 구입했다. 그경험을 통해 나는 나 자신이 기본적으로 가방 하나만 있으면 어디서든 살 수 있는 사람이라는 걸 몸소 깨달았다.

하지만 그렇다고 해서 집이 깨끗했던 건 아니었다. 오히려 당직이나 출장이 계속되고 가방 하나 달랑 들고 다니는 나날이 계속될수록 더욱 뭔가가 갖고 싶어졌다. 그래서 어쩌다 휴일이 생기면 필요 없는 물건을 잔뜩 사고는 했다.

'이걸 어디에 입고 가지?' 싶은 옷들도 꽤 샀다. '아, 예쁘다! 갖고 싶어!'라는 마음을 억누르지 못하고 '이런 티셔츠 하나가 2만 엔이라고? 너무 비싸다. 아니야, 이번 달에 사려던 새 청소기를 다음 달에 사면 되니까……' 하면서 이리저리 변통해 '까짓것 사버려야지!'라고 결심할 때는 일종의 쾌감까지 느꼈다.

무엇보다도 쇼핑은 스트레스 해소에 좋기 때문에 도저히 그만둘 수가 없다. 그러다 보니 언젠가부터 나는 '쇼핑은 해야 해. 어쩔 수 없어'라며 뻔뻔해지기 시작했다.

최소한의 생활을 해야 한다면, 극단적으로 말해 '가방 하나'만 있으면 가능하다. 그러나 '생활하는 것'과 '원하는 뭔가를 사서 쌓아두는 것'은 별개의 문제다. **좋은 물건을 갖고 싶다, 새로운 물건에 관한 정보를 모으고 싶다, 직접 가서 보고 싶다, 내 손에 넣고 싶다 같은 이런 일련의 욕구들은 과장해서 말하면 혼자 사는 여성에게는 특히나 '일하는 원동력'이자 '살아가는 힘'이 될 수 있다. 그렇기 때문에 그것을 억지로 억누르면 스트레스가 쌓이고 심신 건강에 악영향을 미칠 가능성도 있다.**

정년 후 물건들과 잘 사귀는 방법 네 가지

그렇다면 오랜 세월 일을 하다가 퇴직한 여성, 즉 정년 후에 혼자 지내는 여성에게 이상적인 삶의 방식이란 어떤 것일까. 중요하다고 생각한 것을 아래에 정리해두고자 한다.

● 물건이 어느 정도 늘어나는 건 어쩔 수 없다

나의 경우를 예로 들었듯이, 이토록 물건이 다양하고 심지어 인터넷의 발달로 구입도 간편해진 지금, '물건 없는 생활'을 실천하는 건 거의 불가능하다. 게다가 쇼핑에는 스트레스 해소라는 긍정적인 심리 효과도 있다.

나이를 먹으면 먹을수록 마음과 뇌의 건강 유지를 위해서라도 유행에 민감해지거나 새로운 옷의 매력에 사로잡히는 것도 어느 정도 필요하다.

질 좋은 옷 몇 벌을 아끼며 돌려 입는 것도 훌륭한 일이지만, '아, 이번 여름에는 대나무 카고백이 유행이구나. 디자인도 예쁘고 다양하네. 나도 한번 사볼까'라며 유행하는 물건을 구입해보는 것은 마음과 뇌가 건강하다는 증거라고 할 수 있다.

● 마음먹었을 때가 바로 버릴 때다

그렇다고 계속 늘어나다가 엄청난 양이 되어버린 옷, 잡화, 책 등
에 파묻혀 지내는 게 좋은가 하면 그것도 아니다. 물건이 늘어나
면 상대적으로 집의 공간이 사라지고, 그건 그것대로 스트레스가
되어 마음을 좀먹기 때문이다. '나 왜 이렇게 야무지지 못하지'라
며 자책을 하게 될 수도 있다.

나는 이를 방지하기 위해선 '그래, 정리하자'라고 마음먹었을 때
과감하게 버리라고 말하고 싶다. 버리자니 물건을 하찮게 여기는
것 같아 미안하다며 기부나 바자회, 인터넷 판매라는 선택지를
생각할 수도 있지만, 이를 위해서는 또 품과 시간이 든다. '조만
간 해야지'라며 미뤄두는 동안 시간은 점점 지나가고, 결국 시작
도 못 한 채 끝나는 경험을 이미 많은 사람들이 하고 있다.

물론 이제껏 플리마켓에서 판매해왔다는 분들은 앞으로도 꼭 그
렇게 해주길 바라지만, 나는 도저히 무리라고 생각하는 분은 역시
나 마음먹었을 때 대담하게 버리는 것밖에는 답이 없지 않을까.

같은 말을 반복하지만, 꽤 많이 버려도 결국은 다시 늘어날 것이
다. 그건 어쩔 수 없다. 새로 사려고 버린다니, 언뜻 무의미한 행위
처럼 느껴지지만, 어쩌면 이는 현대인의 숙명이 아닐까.

딱 한 군데, '여기는 늘 깨끗이 유지해야 돼'라고 생각하는 곳이 있다. 그건 바로 침실이다.

불면증으로 고생하는 사람 중 여행 갔을 때 호텔에서 잠 자기가 너무 힘들다는 사람이 있는가 하면, 반대로 호텔에서는 잘 잔다고 하는 사람도 있다. 호텔은 평소의 환경과 다른 곳인데 어째서 잠을 더 푹 잘 수 있을까. 그건 바로 방이 잘 정리되어 있고 침구도 깨끗하기 때문이다. 잠들기 직전의 환경이 청결하면 기분도 차분해지고, 이는 곧 질 좋은 수면으로 이어진다.

특히 중년에는 무엇보다 건강이 중요하고, 이를 위해서는 질 좋은 수면을 빼놓을 수 없다. 그렇기 때문에 잘 자기 위해서는 침실 환경에 꼭 신경을 쓰는 편이 좋다. 자칫하면 침실이 '극장의 분장실'처럼 입지 않는 옷이나 차마 버리지 못하고 쌓아둔 잡화 창고가 되기 쉽지만, 가능하면 창고는 다른 방에 만들자. '이제 자야지' 하고 침실에 들어갔을 때, 호텔 버금가게 해두진 못하더라도 깔끔하게 정리해놓고 몸을 누인다면 더할 나위 없을 것이다.

"옷방으로 쓸 방이 없어서 안 돼요. 침대가 있는 방을 옷방으로 쓰고 있어요"라고 한다면, 일단 침대에 누웠을 때 아무것도 눈에 들어오지 않도록 해둔다. 또 머리맡에 물건을 둘 수 있는 침대를 사용하는 사람은 그 공간만큼은 잡지, 영양제 등을 쌓아놓지 않도록 한다.

사실 나 또한 침대 옆에 선반이 있는데, 조금만 방치해두면 곧 바로 읽어야 할 자료나 여행 가이드북 같은 것들이 쌓인다. 아니, 쌓이다 못해 쓰러진 적도 있다. 그런 것이 눈에 들어오는데 '이제 자자'라고 해봤자 푹 잘 수 있을 리가 없다.

몇 번을 정리해도 어차피 마찬가지일 거라고 체념할 뻔한 적도 있지만, 나의 경우에는 때때로 침실을 나갈 때 일부러 휙 뒤를 돌아서 타인의 시선으로 침대 주위를 살핀다. '어머, 이게 뭐야?'라고 놀랄 정도라면, 그 순간 미루지 말고 서둘러 선반이나 베개 주위를 정리하려고 노력한다.

● 가끔은 호텔에 묵어본다

이 말도 여러 번 하게 되는데, 나는 업무상 출장이 잦아 호텔에 묵을 기회가 많다.

그럴 때는 물건이 적고 구석구석 청소가 잘된 공간에서 되도록 편안해지려고 한다. 굳이 큰 소리로 "아, 깨끗한 곳에 오니 좋네"라고 말해보기도 한다. 내 방은 아니지만, 그 순간만큼은 "여기가 내 집이야"라고 나 자신에게 이야기하며 호흡을 고른다.

나는 나이를 조금 더 먹고 출장 갈 일이 없어져도 가끔 이렇게 호텔에 묵기로 결심했다. 정리정돈이 잘된 깨끗한 공간에 몸을 누이는 쾌감은 호텔에서 맛볼 수 있는 것으로 하고 싶다. 딱히 럭셔리하고 넓은 방이 아니더라도, 굳이 관광지까지 가지 않더라도, 요즘은 1박에 몇천 엔 정도 하는 비즈니스호텔을 가봐도 어메니티 키트나 공기청정기가 달린 여성전용룸이 있다. 온천 같은 대욕탕이나 실내에서 즐길 수 있는 시설을 겸비한 곳도 많다. 그런 곳에 가서 푹 자고, 다음 날 건강한 조식을 듬뿍 먹은 뒤 쇼핑을 하거나 영화를 보면서 천천히 집에 간다.

이런 사소한 호사도 가끔 누리는 건 괜찮지 않을까. '집은 물건이 넘쳐나고 정리가 안 되어 있지만, 내 제2의 집인 호텔은 깨끗하니까 괜찮아'라고 나 자신을 타이르는 것이 어찌 보면 궤변일지도 모르지만, 그걸로 마음이 편해진다면 무슨 상관이 있으랴.

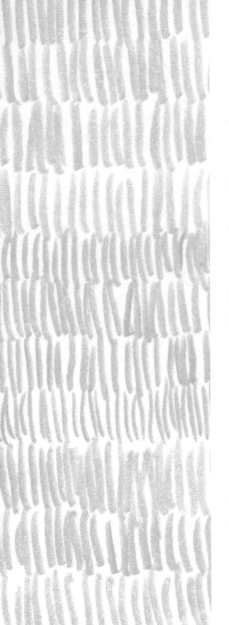

6장

완벽하지 않아도 괜찮은
정년 후 건강법

**몸에 집중된 의식을
다른 곳으로 돌린다**

나이를 먹을수록

체력과 컨디션이 달라지는 것은 당연하다.

그러나 체력이 좀 달리고

몸 이곳저곳이 아프다고 해서

삶의 즐거움이 완전히 줄어드는 것도 아니다.

지팡이를 짚고서라도,

오래오래

가고 싶은 곳에 다니며 살고 싶다.

몸 상태가 좋지 않은 건 당연하다

⭐ 어느 시대든 건강에 대한 관심은 높았지만, 최근의 과열 현상을 보면 좀 비정상적이 아닌가 하는 생각도 든다. 피트니스센터는 어디를 가도 만원이고, 공원은 달리기나 걷기 운동을 하는 사람들로 넘쳐난다. "몸에 좋다"라는 문구를 달고 출시된 식품과 영양제가 잇따라 히트를 치고 있다. 미국에는 "건강할 수 있다면 죽어도 좋다"라는 말이 있다고 한다. 건강에 너무 집착한 나머지 몸이 망가진 미국인을 비꼬는 말이라고 하는데, 지금의 일본인 역시 그걸 비웃지 못하는 상황에 놓이고 말았다.

이 건강 열풍의 배경에는 병과 노화에 대한 과도한 공포와 불안이 존재한다.

질병에 대한 불안감이 비정상적으로 강한 사람

'혹시 몸에 무슨 병이 생긴 게 아닐까?'라는 불안을 품고 정신과 진료실을 찾아오는 중년 남녀가 꽤 있다. 다른 병원을 전전하며 진찰을 받은 끝에 "아무 이상 없으니, 그렇게 신경이 쓰이면 마음 전문가한테 한번 가보는 건 어떨까요?"라는 추천을 받아 어쩔 수 없이 오신 분들이다.

그런 사람들에게는 몇 가지 공통점이 있다. 먼저 '쉽게 지친다', '속이 거북하다', '가슴이 두근거린다' 같은 사소한 증상을 실제로 느끼고 있다는 점이다. 솔직히 말해서, 사람은 누구나 50대를 넘기면 몸 이곳저곳이 삐걱거리기 시작한다. 지병이 재발하는 경우도 있다.

나 또한 그렇다. 나야말로 체력만큼은 문제없는 편이었는데, 55세를 넘기기 시작하면서 감기에 자주 걸리게 되었다. 스스로는 알아차리지 못했는데, 남동생과 통화를 할 때마다 "감기 걸렸어"라고 말한 모양이다.

어느 날 남동생이 "누나, 요즘 감기 꽤 자주 걸리네. 예전엔 안 그랬는데"라고 지적하는 걸 듣고 깜짝 놀랐다. 이후 한동안은 '혹시 뭔가 위중한 병에 걸린 게 아닐까'라며 걱정도 했지만, 지난 해 건강검진 결과를 다시 한번 들여다보고서는 '이건 단순히 나이를 먹어 몸이 약해진 거야'라는 결론을 내렸다.

하지만 진료실에 오는 사람들은 그러기가 쉽지 않다. 몸 상태가 젊었을 때에 비해 좋지 않다는 것을 근거로 자신이 어떤 심각하고 무서운 병, 이를테면 암, 심근경색, 뇌경색, 류머티즘 혹은 신경성 난치병 등에 걸린 게 아닌지, 혹은 앞으로 그러한 병에 걸리지나 않을지 걱정한다. 개중에는 정말 심각한 병에 걸린 게 분명하다고 확신하는 사람도 적지 않다.

한번 이런 걱정을 하기 시작하면, 아무리 충분한 검사를 하고 의사에게 검사 결과 걱정할 필요가 전혀 없다는 설명을 들어도 안심하기는커녕, 더더욱 납득을 못하는 경우가 많다. 결국 '이 의사는 심각한 병을 간과하고 있다'며 더 큰 병원이나 유명한 병원에 가서 진찰을 받고 재검사를 받는다.

암에 걸린 게 분명하다고 믿는 아쓰코 씨

내 진료실을 찾은 여성 중에 아쓰코라는 60세 여성이 있다. 최근에 이유 없이 몸이 노곤하고 두통이 있기에 열을 재봤더니 36.8도였다고 한다.

'미열이 있네! 역시 무슨 병에 걸린 거야.'

그렇게 생각한 아쓰코 씨는 그 후에도 하루에 몇 번이나 체온을 쟀다. 체온계는 평균적으로 36도대 후반을 가리켰다. 『가정의 의학』이라는 책의 '미열'이라는 항목을 펼쳐봤더니 폐암, 폐결핵, 자궁암, 류머티즘열 같은 무서운 병명이 나열되어 있다. 몸 상태는 점점 나빠지기만 한다.

'암이 틀림없어.'

아쓰코 씨는 동네 종합병원에 가서 검진을 받는다. 그러나 대략적인 검사 결과는 '이상 없음'이다. "열이 있어요"라고 호소해도 내과의사는 "37도 이하죠? 그럼 상관없어요. 아무 문제 없습니다"라면서 상대해주지 않았다. 그러고 나서도 다른 병원을 몇 군데나 전전하다가, '그럼 정신과에 한번 가볼까' 싶어서 우리 진료실을 찾아온 것이다.

아쓰코 씨가 지참한 온갖 검사 결과를 보니 역시 모두 '이상 없음'이었다. 체온도 36도대였기 때문에 일단은 건강에 이상이 없었다. 그러나 아쓰코 씨는 "저는 10년 전까지만 해도 시민 마라톤 선수였다고요. 이렇게 몸이 안 좋고 미열이 있으니 분명 나쁜 병이 있는 거예요"라고 주장했다.

아쓰코 씨 같은 증상을 정신과에서는 '건강염려증'이라고 부른다. 건강염려증은 검사 결과에는 이상이 없는데 몸 상태가 계속 좋지 않다며 병에 걸린 것이 아닐까 심각하게 걱정하는 것을 말한다. 그런데 이 증상에 시달리는 사람이 일반적으로 알려진 것 이상으로 많이 있다. 특히 최근 불고 있는 건강 열풍 때문에, 노화나 몸 상태가 안 좋은 것을 '병에 걸렸기 때문'이라고 생각하게 된 50~60대가 늘고 있다.

이 사람들은 보통 착실하고 융통성 없는 타입인 경우가 많기 때문에, 몸 상태가 나빠지기 시작하면 온 신경을 자신에게 집중한다. 그리고 이렇게 온 신경이 자기 자신이나 몸에 쏠리다 보면, 자율신경이 긴장해서 심장박동이 점점 빨라지고 혈압이 높아지거나 땀이 많이 나게 되어 현기증이 유발되기도 한다. 그러면 '역시 병에 걸린 게 분명하다'며 더 굳게 믿고, 신경은 더 자신에게 쏠리는…… 악순환이 반복되는 셈이다.

또 그렇게 해서 잔뜩 긴장한 상태로 검사를 받았는데, 정작 의사가 "안 좋은 곳 없습니다. 괜찮아요, 괜찮아"라며 하찮게 여기면 이제는 심리적 상처까지 더해진다. '저 선생은 믿음이 안 가'라는 생각이 '분명 검사하다가 놓친 게 있을 거야'로 이어지는 것이다. 그러고 보면 또다시 다른 병원으로 발길을 돌리는 것도 이해가 간다.

그렇다면 건강염려증의 50대 여성이 내 진료실을 찾는다면 나는 어떻게 진료할까.

일단은 "검사 결과를 보니 안 좋은 곳이 하나도 없으신데요"라고 경솔하게 말하지는 않는다. 위에서 이야기했듯이, 요즘은 누구나 자신의 건강에 과도한 집착을 하고 예민해지기 쉬운 시대다. 그 때문에 사소한 증상에도 민감해지고 '병이 난 것 아닌가' 걱정하게 되는 건 어쩌면 당연한 일일지도 모른다.

나는 먼저 "몸이 안 좋으면 당연히 걱정이 되죠"라며 그 사람이 이제껏 했던 일들을 공감해준다. 다양한 검사를 받느라 힘들었겠다며 위로를 하기도 한다. 보통 그런 분들은 주위 사람들, 특히 남편에게 "기분 탓이겠지"라는 말로 상처를 받은 경우가 많다. 따라서 대부분의 여성들은 그렇게 말해주기만 해도 '이 의사는 내 몸 상태와 불안감을 이해한다'고 느껴 상당히 안심하게 된다. 그중 몇몇 분들은 "지금까지 의사 선생님들이 이상 없다고 하셨으니까 조금 더 상태를 지켜볼까 봐요"라며 스스로 깨닫고 돌아갈 정도다. 그 외의 분들에게는 "질병에 관해서 저는 잘 모르지만, 환자분은 지금까지 마음고생을 많이 하시다 보니 정신적인 에너지도 소진된 상태고, 자율신경도 흐트러져 있는 상태예요. 그와 관련해서 치료를 해드리고 싶은데, 어떠세요?"라고 제안한다. 환자가 허락을 하면 한방약이나 간단한 상담을 통한 치료를 시작한다. 이때 유도가 잘되면 대부분의 경우 몸 상태나 병에 대한 걱정이 사라진다.

하고 싶은 걸 참는 것이 건강에 가장 안 좋다

내가 환자들에게 꼭 말하고 싶은 건 "몸 상태가 안 좋다고 해서 하고 싶은 걸 참지 말라"는 것이다. 심각한 병에 걸린 게 아닐까 하는 마음에 검사를 반복하다 보면, 가고 싶은 곳과 하고 싶은 것이 있어도 검사 결과가 확실히 나온 뒤 결정하자며 미루게 된다.

그러나 참으면 더욱 스트레스가 쌓이고 더 몸이 안 좋아지는 느낌을 받을 것이다. 그러므로 무조건 미루지 말고, 하고 싶은 것이 있으면 적극적으로 해보자. 그러면 몸에만 집중되어 있던 의식이 다른 곳으로 향하면서 증상이 약해질 수 있다.

물론 지금의 이 건강 열풍 속에서 몸에 과하게 신경 쓰면 안 된다고는 말하지 않겠다. 하지만 그것은 건강에 대한 관심이 자신을 즐겁게 할 수 있을 때까지의 이야기다.

50대가 되면 20~30대 때와 체력과 컨디션이 다른 것이 당연하다. 그리고 체력이 좀 달리고 몸 이곳저곳이 아프다고 해서 삶의 즐거움이 완전히 줄어드는 것도 아니다.

나이를 먹으면 먹을수록 자신의 몸 상태에 연연하기보다는 하고 싶은 것, 가고 싶은 곳, 먹고 싶은 음식, 만나고 싶은 사람에 관심을 둬야 하지 않을까. 그래서 나는 더 나이를 먹으면 지팡이를 짚고서라도, 아니면 휠체어를 타고서라도, 약을 먹고 파스를 붙이고서라도 오래오래 가고 싶은 곳에 다니며 살고 싶다.

부모 돌보는 데에 너무 몰두하지 마라

☆ "요즘은 친구들 만나면 모두 간병 이야기뿐이야……."

50대가 되고 나서 자주 듣는 말이다. 나 또한 비슷한 나이의 친구들을 만나면 "엄마는 건강하셔?", "어휴, 글쎄 지난달에 입원하느라고 한바탕 난리를 치렀다니까"라는 대화가 자연스레 흘러나온다. 마치 부모 간병 문제가 안부 인사가 된 기분이다. 또한 조금이라도 부모의 간병과 관련이 있는 사람은 "간병이 정말 힘들다"고 입을 모은다.

그렇다면 간병이 요즘 왜 이렇게까지 문제인 걸까. 옛날에는 자식이 많아서 그만큼 간병할 사람도 많았기 때문일까, 아니면 예전에는 여성이 지금만큼 사회 진출을 하지 않았기 때문에 '며느리'라고 불리는 사람 혼자서 간병을 떠맡았기 때문일까.

내 개인적인 생각으로는 "간병이 힘들다"라는 말이 나온 가장 큰 원인은 누가 뭐라 해도 '부모의 장수'라고 생각한다. 이 말을 듣고 "뭐라고? 어떻게 그런 말을 할 수 있어?"라고 하는 사람도 있을 것이다. 그렇다. 자식 세대인 우리가 "부모가 오래 살아서 간병하기 힘들다"라고 말하는 것은 '불효'이다. '천벌을 받는 것 아닐까'라는 죄책감도 느낀다. 그래서 되도록이면 그렇게 생각하지 않으려고 애써 외면해왔는데, 역시나 문제의 핵심은 '장수'가 분명하다.

오래 살아서 곤란해졌다?

내가 이렇게 생각하게 된 데에는 이유가 있다.

현재 나는 대학에서 교수로 일하고 있다. 대학 교수는 수업과 연구만 하면 되는 것이 아니라, 여러 가지 학내 잡무도 처리해야 한다. 나는 최근까지 교내 '연금위원'이라는 것을 했다.

학내 업무 중 연금위원이 다른 일에 비해 편하다는 인식이 있었기 때문에, 당시 학과장이 그 일을 지시했을 때 나는 속으로 '잘

됐다'고 생각했다. 그러나 막상 일을 해보니 그게 아니었다. 내가 위원이 되고 나서야 비로소 연금위원이 큰 문제를 담당하고 있다는 걸 깨달았다.

위원회에서는 그 문제를 '노령화 대책'이라고 불렀다. 처음 위원회에 출석했는데, "노령화 대책에 관한 의견을 부탁드립니다"라는 질문을 받았다. 무슨 영문인지 몰랐던 나는 "앞으로 노령화가 심각해지는 가운데, 우리에게 필요한 건강 대책은……"이라며 운을 떼었고 결국 주위에서 실소가 나오고 말았다. 이곳에서의 '노령화 대책'이란 대학을 정년퇴직한 전 교직원의 수명이 늘어나면서 연금을 지불해야 할 연월이 늘어나고, 그에 따라 대학의 재정적 압박이 시작된 것에 대한 대책을 의미했다. 말하자면, '오래 살아서 곤란해졌다'는 것이다.

나는 너무 놀란 나머지 나도 모르게 "저는 병을 고치고 사람들이 조금이라도 오래 살도록 일하는 의사인데, 너무 오래 살아서 연금에 문제가 생겼다니요!"라고 말해 더욱 사람들의 실소를 샀다. 그러고 나서 몇 번인가 더 위원회에 출석해 막상 여러 데이터를 확인해보니, 처음의 충격은 잠깐이고 분명 연금재원에 노령화는 심각한 문제라는 생각을 하게 되었다.

물론 그렇다고 '노령화를 막아야 한다' 따위의 선택지는 말이 안 되고, 그 대신 '요즘이 옛날에 비해 오래 살기는 해. 그런데 연

202

금 문제는 그렇다 치고, 간병 문제는 어떻게 돼 있을까'라며 냉정하게 고민해볼 기회가 생겼다.

100세 부모를 간호하는 70세 아들

얼마 전 한 70세 남자가 진료실을 찾아왔다. 현재 100세 어머니를 모시고 사는데, 최근 자신이 암에 걸렸고 그 사실을 어머니께 어떻게 말씀드릴지 고민하다가 우울 증상이 왔다는 것이다. 또 어떤 88세 어머니는 집 밖을 나가지 않는 은둔형 외톨이 65세 딸 때문에 상담을 받고 싶다며 진료실을 찾아왔다. 이 또한 장수 사회가 낳은 심각한 비극이 아닌가 싶다.

그 88세 어머니는 말했다.

"앞으로 살 날이 많이 남은 것도 아니고, 제가 죽은 다음 어떻게 될지 걱정한다고 한들 뾰족한 수가 있겠습니까. 옛날이었다면 이런 걱정을 하기도 전에 저세상으로 갔을 텐데, 지금은 이렇게 끝없이 고민해야 하니…… 참으로 잔혹한 일이에요."

"그렇지 않아요. 그래도 오래 사셔야죠"라고 격려하기에는 어쩐지 무책임한 것 같은 기분이 들어서, 결국 "그럴지도 모르겠네요"라며 공감해드릴 수밖에 없었다.

이렇듯 부모 세대가 너무 오래 살게 되면서, 예전이라면 40대에 이미 끝났을 간병이 50대, 60대, 심지어 70대가 되어서까지 이어지는 경우도 생겼다. 이는 인류가 이제껏 경험하지 않았던 '사태'다. 개중에는 손자가 자신의 부모와 조부모까지 여러 명을 모시고 사는 사례도 있다.

먼 곳에 사는 어머니 돌보기

이렇게 말하는 나도 7년 전 아버지를 떠나보내고 지금은 80대 어머니의 돌봄 문제로 고민 중이다.

부모님은 도쿄에서 멀리 떨어진 홋카이도에 사셨다. 내가 40대였을 때 도쿄에 와서 함께 살자고 몇 번이나 말씀드렸지만 거절하셨고, "그럼 그럴까"라며 마음을 바꾸려던 시기에 아버지가 쓰러지시며 그대로 돌아가셨다.

그 후 어머니는 '시험 삼아' 도쿄에 올라와 지내보시다가도 아버지가 남긴 집을 지키겠다는 이유로 금방 홋카이도로 돌아가셨다. 그러는 사이 이제 도쿄에 못 갈 것 같다고 할 정도로 몸이 쇠약해지셨고, 그렇다고 내가 하던 일을 내던지고 홋카이도로 갈 수도 없는 상황이었다.

사실 나는 전형적인 '늑장 간병' 스타일이다. 나에게 어머니 돌봄 문제는 어떻게 고민해도 답이 나오지 않는 문제다. 솔직하게 말하면, '내가 할 수 있는 일이 아니면 못 하니까, 나중에 이러니저러니 뒷말을 들어도 어쩔 수 없다'고 여기고 있다.

가끔 도쿄에 와서 지내다가 답답해하는 어머니를 보면 '어머니 옆에 있어주지 못해서 죄송하다'는 마음도 들지만, 어머니한테 그런 마음을 말한다고 해서 현실이 바뀌는 건 아니다. 마찬가지로 "그러니까 조금이라도 정정하실 때 진작 도쿄에 올라오셨으면 좋았잖아요!"라고 말한들 무슨 소용이 있을까. 그저 지금 일어난 일을 하나하나 받아들이고, 지금 당장 할 수 있는 것과 할 수 없는 것을 생각해야 한다.

그리고 가장 중요한 건 나를 원망하지도, 부모를 원망하지도 않는 것이다. 늘 미리 깨닫지 못하고 '그때 이렇게 할걸', '그 사람한테 이렇게 말할걸' 하며 끙끙 앓기만 하는 나지만, 부모님 문제에 관해서는 더더욱 물 흐르는 대로 둘 수밖에 없다며 달관한 상태다.

내가 그럴 수 있는 건, 아마도 대학 연금위원으로서 노령화 대책을 담당했기 때문일 것이다. 이곳에서 나는 노령화를 마냥 기뻐하지도, 개탄하지도 않으면서 되도록 현실적인 대안을 모색하는 방식으로 훈련을 거듭했다. 이를테면, 현실적으로 수명이 이만큼 늘어났고 그와 동시에 연금재원도 이만큼 압박을 받고 있다는 것을 철저히 분석한 뒤에, 그 결과를 토대로 차후 어떤 연금정책을 시행해야 되는지 고민하는 등의 방식이었다.

부모 돌봄과 연금을 같은 선상에 두고 볼 수는 없지만 되도록 그것을 감정적인 문제로 여기지 않아야 한다. 또한 옳고 그름과 의미를 따지기보다는 현실적인 문제로 접근해 '무엇을 할 수 있고 무엇을 할 수 없는지'에 관해 고민해야 한다.

부모 돌봄 문제로 우울증에 빠져 괴로워하는 사람이 진료실에 오면 내가 해주는 말이 있다. 부모는 대부분의 경우 자신보다 먼저 세상을 떠난다. 요즘은 부모 세대가 워낙 오래 살기 때문에 자식이 암이나 치매에 걸려 먼저 떠나는 경우도 있지만, 그래도 대부분은 '부모가 먼저'다.

이때 문제는, 부모 간병을 하느라 모든 에너지를 소모해버리면 부모님이 돌아가신 이후의 인생을 살기가 힘들어질 수 있다는 점이다. 부모의 간병을 끝내고 나서 몸 이곳저곳이 안 좋아지거나 예상했던 것보다 더 우울하고 무기력해지는 사람도 많이 봤다. 이제는 20~30대가 아니기 때문에 회복도 쉽게 되지 않는다.

"간병에 너무 에너지를 쏟지 말라"고 말해도 막상 잘 안 되겠지만, 그래도 머릿속으로 '간병에 너무 전력투구하지 말자. 조금만 힘을 남겨놓자'고 생각해보기를 바란다.

처음에 다뤘듯이, 현재의 40~50대 대부분은 부모가 돌아가신 경우에 관해 생각하는 것 자체를 불효라고 여긴다. 하지만 부모가 세상을 떠난 뒤에도 내 인생은 계속된다. 이는 명백한 사실이기에, '이건 부모님 떠나시면 해야지' 하고 생각하는 건 불효도 무엇도 아니다. "그런 생각을 하다니, 부모 돌아가시기를 바라는 거냐"라고 하는 사람도 있겠지만, 입 밖에 내지만 않으면 상관없지 않을까. '부모님 간병이 끝나면 남쪽 섬에 가서 스킨스쿠버 자격증을 따야지'라는 상상조차 안 된다는 것은 아니다.

상중이라서 해외여행을 취소했어요

예전에 진료실에 찾아온 환자 중 한 분은 70대에 90대 모친을 간병하다가 최근에 간병에서 해방된 사람이었다. 그분은 원래 발레 보는 것을 좋아했기 때문에 '언젠가 파리 오페라극장에서 발레를 보고 싶다'는 꿈이 있었고, 이번에 그 꿈을 실행하기로 했다.

하지만 막상 출발일이 다가오자 '아직 어머니 돌아가신 지 반년밖에 안 됐는데, 파리에 가도 되는 걸까. 누가 보면 부모가 죽기를 기다리고 있었나 보다 하고 생각하지 않을까'라며 신경이 쓰이기 시작하다가 결국 잠까지 설치게 되었다. 진료실에 상담을 받으러 와서 "그냥 여행을 취소하려고요"라고 하는 그분께 나는 이렇게 말했다.

"과연 돌아가신 어머님이 그걸 원하실까요? 분명 마음속으로 '내가 떠나면 너도 네 인생 즐겨라' 하고 생각하셨을 거예요. 자연스럽게 수면을 유도하는 안전한 약을 처방해드릴게요. 부적이라 생각하시고 발레 꼭 보러 다녀오세요."

그리고 그분은 예정대로 여행을 떠났다.

부모가 돌아가신 뒤에도 상을 치른다는 건 분명 훌륭한 효심이지만, 50대 이상 된 분들은 특히나 '내 인생에도 끝이 있다'는 것을 생각해서 자신의 인생에 충실한 삶을 우선으로 생각했으면 한다.

간병하느라 소모되지 않는 건 매우 중요하다. 하지만 실제로 간병을 해보면 트러블과 사고, 번거로운 일이 끊이지 않는 것이 사실이다. '인생을 즐기는 것'과 아주 거리가 멀다. 특히 치매환자인 부모를 간병하는 사람은 본인의 여유는커녕 일과 생활 모두 내팽개치고 간병에만 매달려야 한다.

이런 경우 **어떻게든 본인의 숨통을 틔우는 것이 중요하다. 힘들겠지만 마음속으로 이다음에도 내 인생은 계속된다는 것을 명심하고, 가끔씩 행복한 미래를 그려보기를 바란다.** 본인처럼 부모를 간병하는 친구들과 넋두리를 주고받는 것도 많은 도움이 될 것이다.

소모되지 않는 게 중요하다.

내 인생은 계속된다는 것을 기억하고,

가끔 행복한 미래를 그려보기를 바란다.

자신의 인생에 충실한 삶을

우선으로 생각했으면 한다.

7장

그래도 우리는
나이 들기에

내 인생은 잘못되지 않았다

아무리 가혹한 사건이 많았던 인생이라도
살아온 길이 전부 잘못됐다고
단언할 수 있는 인생은 없다.
인생은 물론 힘든 여정이지만,
문제가 생길 때마다 하나하나 대처해가면서
때로는 웃고 때로는 한숨 돌리며
당신도 긴 걸음을 걸어왔을 것이다.

나이 듦의 그 찬란한 여정에
서 있는 당신.
당신의 인생은 잘못되지 않았습니다.

팔팔한 정년 후에 집착하지 않는다

★ 뜬금없게 들릴 수도 있지만, 어느 날 문득 '도대체 몇 살 때까지 자아를 찾아야 돼?' 하는 생각이 들었다.

지난번 문화센터에 강의를 나갔다가 무심결에 "바디 케어, 고민해보셨습니까?"라고 적힌 전단을 집어들었다. 운동도 못하고 몸 관리도 전혀 하지 않는 나지만, 최근 들어 '이대로 살다가는 큰일나겠다'는 위기감이 들었기 때문이다. 옆에 있던 안내 담당 여성이 "이번에 바디 케어 관련해 큰 박람회가 있으니 꼭 가보세요"라며 다른 팸플릿을 건네주었다.

지금의 당신은 진정한 당신입니까?

그녀의 말에 따르면, 박람회에 가면 요가나 필라테스, 격투기 강사 등이 차린 부스가 있으니 관심 있는 부스에 가서 직접 체험하면서 나에게 맞는 종목을 찾을 수 있을 거라고 했다.

"제 나이에도 괜찮을까요?"라고 묻자 담당 여성은 "물론이죠! 50~60대 여성분들이 주요 고객이에요!"라고 대답했다.

집에 돌아와 천천히 팸플릿을 펼쳐보고는 솔직히 좀 놀랐다. 종목이 많아서 그런 게 아니라 "몸 관리만 생각하시나요?"라는 문구와 함께 쓰인 각 종목 강사들의 메시지 때문이었다.

"진정한 당신을 찾을 수 있습니다."

"진정한 자신과 마주할 수 있는 시간을 제공합니다."

"당신이 아직 몰랐던 자신의 훌륭함을 만나보세요."

하나같이 이른바 '자아 찾기'에 초점을 맞춘 문구들이었다. 담당 여성 말대로 박람회를 방문하는 사람이 주로 50~60대 여성이라면, 이 '자아 찾기'라는 캐치프레이즈가 그들의 마음을 사로잡을 거라는 건가.

그러고 보니 진료실에서도 "50대에 자아를 찾는 중이다", "60대에 자아 찾기를 다시 시작했다"라고 말하는 사람이 가끔 있었다.

엄마는 나를 정말 사랑했을까?

50대 주부 미스즈 씨는 '나는 왜 태어났는가'에 집착하고 있다.

취미로 나가는 동호회 안에서의 인간관계 때문에 힘들다는 이유로 진료실을 찾았지만, 내가 먼저 유도하지도 않았는데 순식간에 어린 시절 이야기로 돌아가버리고는 했다. "저를 많이 사랑해주던 아버지가 돌아가시고 나서 모든 게 어긋났어요"라며 자기분석까지 했다. 미스즈 씨 말에 따르면, 부모님은 나이 차이가 열 살이상 났다고 한다. 그래서 그녀를 낳았을 때 엄마는 고작 20대였고, 아버지 말씀에 따르면 "아이가 아이를 낳은 것 같은 상황"이었다고 한다.

그 후에도 안아준다든가, 아플 때 머리맡에서 간호를 해준다든가, 엄마로서 뭔가를 해준 기억이 거의 없다고 미스즈 씨는 말했다. 한편 아버지는 "엄마보다 네가 더 똑부러진다"며 딸에게 더욱의지했다고 한다. 그래서 그런지 아버지와는 사이가 좋았다.

그러던 아버지를 40대 중반에 잃고 그 후로 미스즈 씨는 "사실엄마는 나를 낳기 싫었던 것 아닐까?"라는 의문이 생기기 시작했다고 한다. 아버지가 돌아가시고 나서 수습해야 할 여러 가지를 미스즈 씨가 거의 다 했는데도, 엄마는 "네가 있어서 다행이다"라는 말을 전혀 하지 않았던 게 계기였다.

이후 엄마에게 "엄마는 나 낳을 때, 아이는 아직 필요 없는데 싫었지?"라고 농담 삼아 물어봤지만, "이제 와서 생각도 안 나" 또는 "이제 와서 그런 걸 뭐 하러 물어"라면서 애매하게 대답할 뿐이었다. 그래서 더더욱 '아, 나를 낳기 싫었던 거구나'라고 확신하게 되었다.

그러던 중 책도 읽고 세미나도 다니게 되면서 멘탈클리닉에 한번 가볼까 싶은 생각이 들어 진찰을 받으러 온 것이다.

몇 살이 되어도 끝나지 않는 자아 찾기

미스즈 씨는 결혼도 했고 아이도 둘이나 있다. 내가 볼 때는 그 모습이 바로 본인 그 자체인데, 왜 그 이상 '나는 누구일까?', '왜 태어났을까?'라는 질문을 하려고 할까. 솔직히 이해가 잘 가지 않았다.

나는 본인의 아이가 같은 질문을 한다면 어떻게 하시겠냐고 유도했다.

"물론 원해서 낳았다고 자신 있게 대답하죠. 사랑을 듬뿍 주면서 키웠거든요. 아이들도 알 거예요"라는 대답이 돌아왔다.

"그럼 지금 그렇게 행복하신데 '내가 어떻게 태어났는지 뭐가

217

중요한가'라는 생각은 안 드시나요?"라고 묻자 미스즈 씨는 단호하게 말했다.

"안 들어요. 이것과 그것은 별개의 문제예요. 제가 부모가 원해서 태어난 게 아니라면, 그건 도저히 그냥 넘길 수 없는 문제예요."

부모님이 미스즈 씨를 원해서 낳았는지 아닌지에 관한 객관적인 확증은 없다. 엄마로서 뭔가 해준 기억이 없다는 것도 사실인지 아닌지 확실하지 않다. 또한 애초에 진료실에 온 이유도 동호회 친구와의 문제를 해결하고 싶다는 바로 눈앞에 닥친 문제 때문이었다. 그런데 도대체 왜 '엄마는 나를 왜 낳았나'라는 옛날 문제를 자꾸 끄집어내는 걸까.

미스즈 씨는 이후 몇 번 더 진료실을 찾았지만, 아무리 지금의 인간관계 쪽으로 초점을 옮기려 해도 결국 다시 '나는 왜 태어났나'의 문제로 돌아가고는 했다. 어느 날, 나는 참다 못해 물었다.

"그런데…… 동호회 인간관계 문제를 해결하고 싶으신 거죠?"

그러자 그녀의 대답은 이러했다.

"그렇죠. 하지만 그 문제를 해결하려면, 내가 왜 여기에 있는지, 엄마가 나를 원해서 낳은 건지에 대한 답이 나와야 해요. 저는 진짜 내 존재 의미를 알고 싶은 거예요."

나는 그 고지식함과 '영원히 끝나지 않는 자아 찾기'에 집착하는 모습에 놀라지 않을 수 없었다.

내가 태어난 이유

물론 '왜 태어났는가'는 인간이 평생 하게 되는 고민이다. '부모는 나를 원해서 낳은 걸까'라는 의문에 사로잡히는 것도 드문 일은 아니다. 그렇기 때문에 출생의 비밀을 다룬 문학작품이 오래도록 읽히는 거겠지.

예를 들어, 50대 이상이라면 교과서에서 읽었을 시가 나오야의 『암야행로』도 그런 작품 중 하나다. 주인공 겐사쿠의 연애와 결혼을 둘러싼 고뇌를 그렸는데, 그 출발점이 바로 겐사쿠의 출생에 얽힌 비밀이다. 겐사쿠는 그 사실을 형의 편지로 알게 된다. 그 부분을 인용하겠다.

너는 어머니와 할아버지 사이에서 태어난 아이다. 자세한 내막은 모른다. 나도 중학교를 졸업할 때 즈음 고베 숙부님에게 들어서 비로소 알았으니, 내가 그 사실을 알고 있다는 것을 아버지와 계모 모두 아마 아직 모르실 것이다. 그런 까닭에 나도 자세한 사정을 알 기회가 없었다. 또 알고 싶지도 않기 때문에 가만히 있는 것이다. 어찌 되었든, 너는 묘가다니에 살던 시절 아버지가 독일로 3년 동안 유학을 가신 그 시기에 태어났다.

이때 겐사쿠는 할아버지라고 믿고 있던 남성의 옛 연인에게 구혼을 했고, 그 중매를 형에게 부탁한 상태였다. 그에 대한 거절의 편지로 자신의 출생의 비밀을 알게 된 겐사쿠는 어떻게 해야 할지 몰라 홀로 안절부절 방을 서성거린다.

모든 게 꿈처럼 느껴졌다. 그것보다도 먼저, 지금까지의 나라는 존재가 안개처럼 멀어지다가 이내 사라져가는 것을 느꼈다.

이러한 환경에서 태어나는 사람이 흔하지는 않겠지만, 이 소설이 불후의 명작으로 여전히 읽히고 있다는 것은 많은 사람이 한 번쯤은 '나는 정말 내 부모의 자식일까? 출생에 어떤 문제나 비밀이 숨어 있지는 않을까?'라는 물음이나 '나는 태어나지 말았어야 해. 어차피 축복받고 태어나지도 않았잖아'라는 의심에 사로잡히기 때문이다.

그러나 여기서 잊어서는 안 되는 게 있다. '나는 누굴까?'라고 고민한 겐사쿠의 나이가 20대였다는 점이다. 하지만 50대 여성인 미스즈 씨에게 이 이야기를 들려준다면, 분명 이렇게 대답할 것이다. "이해해요! 저도 겐사쿠와 같거든요!"

딴사람이 된 아내와 당황하는 남편

사례를 하나 더 소개하자.

진료실을 찾아온 60대 남성이 상담하고 싶어한 문제는 이랬다.

"최근 아내가 딴사람이 된 것 같아요. 도대체 어떻게 해야 할까요⋯⋯."

외동딸이 최근 결혼해 출가를 했는데, 그걸 계기로 "나도 변할 거야"라는 말을 하기 시작했다고 한다. 그러더니 갑자기 새벽 세시에 일어나 공부를 하지 않나, 이런저런 동호회에도 뻔질나게 드나든다고 했다. 일상생활뿐만 아니라 성격도 완전히 변했다. "이대로 가면 안 돼"라든가 "앞으로는 시야를 넓게 가져야 해" 같은 말을 평상시에 비해 과하게 밝은 목소리로 말했다.

이 남성은 이제껏 극히 평범했던 아내가 왜 이렇게 됐는지 영문을 모르겠다고, 할 수 있다면 원래 상태로 되돌리고 싶다고 했다. 하지만 나로서는 그분이 어떤 병에 걸린 것도 아니기 때문에 딱히 조언을 해줄 수가 없었다.

'내 안에는 훌륭한 가능성이 잠재되어 있어. 그걸 열심히 갈고

닦으면 나다운 인생을 살 수 있을 거야.' 어쩌면 이런 생각이 그 여성의 머리에 번뜩였을지도 모르겠다. 혹은 어떤 책을 읽다가 '이제껏 나는 껍데기로 살았어'라는 생각을 했을 수도 있다.

아무튼 갑자기 '자아 찾기'에 눈을 뜬 60대 여성은 누구도 말릴 수 없다. 예전 같았으면 "이제 나이도 있으신데…… 자아 찾기 같은 건 젊은 애들이나 하는 거잖아요"라면서 넌지시 '연령 제한'이 있음을 내비쳤겠지만, 앞서 말한 바디 케어 박람회에서도 알 수 있었듯이, 요즘의 '자아 찾기'는 오히려 50~60대 여성이 중심이다.

자기계발이나 스피리추얼에 빠진 아내들

그렇다면 이 자아 찾기나 자기계발 열풍은 어디에서 온 걸까.

그 기원을 거슬러 올라가보면, 1960년대 미국에서 거세게 불어닥친 히피 문화 등의 카운터 컬처를 들 수 있다. 당시 히피들은 명상이나 LSD 같은 마약을 사용해 자신의 내면에 잠들어 있는 의식을 찾고자 했는데, 이러한 열망이 의식의 변혁을 추구하는 세미나 집단을 만들어냈고, 이것이 돌고 돌다가 일반인을 대상으로 한 자기계발 세미나로 변형되었다.

일본에는 1980년대에 들어왔고, 그것이 일본 실정에 맞게 현지화되면서 일부 사람들 사이에서 유행했다. 1990년대에 와서 옴 진리교 사건의 영향으로 그 세력이 다소 꺾였지만, 1990년대 후반부터 서브컬처나 스피리추얼리즘과 결합해 다시 살아났다. 그 후 비즈니스 자본주의와 결합된 형태로 변형되면서, 개개인이 자기만의 스타일로 자기계발을 한다는 개념과 함께 저변이 확대되었고 그것이 지금에 이른 것이리라. 그리고 그 시절 20~30대였던 사람들이 나이가 들어서도 여전히 '자아 찾기'에 집착하는 것이다.

최근 그런 사람들을 타깃으로 한 비즈니스가 매우 다양해지면서, 이 '자아 찾기 고객'은 시간과 돈을 빼앗기고 있다. 또한 그로 인해 '지금까지의 내 인생은 잘못됐어', '인생을 리셋해야 돼'라며 자신이 살아온 과정 자체를 전면 부정하는 사람까지 생기고 있는 것이다.

아무리 가혹한 사건이 많았던 인생이라고 해도, 지금까지 살아온 길이 전부 잘못됐다고 단언할 수 있는 인생은 없다. 인생은 물론 힘든 여정이지만, 문제가 생길 때마다 하나하나 대처해가면서 때로는 웃고 때로는 한숨 돌리며 긴 걸음을 걸어왔을 것이다.

그럼에도 '전부 리셋하고 싶다'는 생각이 든다면 '나 요즘 좀 이상한 것 같아. 피로 때문인가, 아니면 누군가의 잘못된 생각에 물

들었나'라고 생각하고, 일단 하던 일, 만나던 사람, 읽던 책에서 멀리 떨어져서 경치 좋은 곳에 가서 쉴 것을 추천한다.

고층 빌딩 꼭대기나 산 전망대, 파도가 밀려오는 해변 등 평소보다 탁 트인 곳에 가서 풍경을 바라본다면 조금 전까지 머릿속을 지배하던 '내 인생 전부 잘못됐어'라는 생각이 자연스레 사라져 있을 것이다. 인터넷으로 아름다운 풍경을 찾지 말고, 꼭 어딘가 직접 가서 자신의 눈으로 보기를 바란다.

인생을 전부 리셋하고 싶다는 생각이 든다면,

하던 일에서 떨어져

경치 좋은 곳에 가서 쉬는 것이 좋다.

주변이 탁 트인 곳에 가서 풍경을 바라본다면

내 인생이 잘못됐다는 생각은

자연스레 사라질 것이다.

'어째서 나만?'이라고 자책하지 않는다

☆ 노년에 접어들면서 자주 듣게 되는 말 중 '나만'이라는 말이 있다.

여기서 '나만'이란 말은 보통 '왜 나만 이런 꼴을 당하지?', '왜 나만 이렇게 일해야 해?'처럼 의무, 짐, 도리를 다하느라고 고생한 뒤 손해를 볼 때 자주 나온다. 보통 자신의 불행을 한탄할 때 '나만'이란 말을 떠올릴 것이다.

그런 반면 '나만 행복하면 돼'라는 의미의 '나만'도 있다. 하지만 이런 경우에는 대놓고 말할 수 없기 때문에 다른 사람에게 들킬 일이 없다.

젊었을 때 나만 목숨을 건졌다

예전에 진료실을 찾아온 60대 여성은 젊었을 때 친구들과 여행을 갔다가 '나만' 목숨을 건진 기억이 있다. 그런데 최근 그 기억이 되살아나면서 악몽을 꾸고 가슴이 답답해지기 시작했다고 한다.

이 환자는 젊었을 때 친구들과 단체로 여행을 갔는데, 타고 가던 버스가 사고를 당해 친구 몇 명이 목숨을 잃었다고 한다. 다행히 그녀는 가볍게 다쳤을 뿐 생명에 지장은 없었다. 자리가 좋았기 때문이다. 그때 그녀의 가족 모두가 "다행이야. 목숨을 건진 것만으로도 감사해야 한다"라며 가슴을 쓸어내렸다고 한다. 이는 솔직한 감정이다.

병원에서 퇴원해 집으로 돌아왔는데, 할머니가 불단에 손을 모으며 "조상님, 우리 귀한 손자 목숨을 살려주셔서 감사합니다"라고 울면서 절을 하고 계셨다. 그 모습에 감사하다는 생각이 들기는 했지만, 마음 한구석으로는 '떠난 친구도 있는데 어떻게 진심으로 기뻐할 수 있겠어'라는 생각이 들었다고 한다. 할머니가 너무 이기적인 것 같았다.

그리고 나서 어른이 되고 취직을 하거나 결혼을 하는 등의 인생의 단계를 넘을 때마다 '왜 나만 살았을까?'라는 의문이 들었다.

227

왜 함께 갔던 친구들은 죽고 나만 살았을까. 나와 그 친구들은 뭐가 다르기에 이렇게 된 걸까. 이제까지는 이런 의문이 생겨도 눈앞에 닥친 일이 바쁘고 정신없어서 '그런 생각 하면 뭐 해'라며 문제를 미뤄두고는 했다.

그러다가 60대가 되고 나서 아이들이 다 독립하고 남편까지 정년을 맞이하자, 이제껏 느끼지 못했던 죄책감이 생겼다. 당시 친구 장례식에서 가족과 친구들이 울고 있던 모습도 되살아났다. 그러면서 나 자신을 원망하게 됐다고 한다.

'그 아이는 그렇게 모든 사람에게 사랑받았어. 공부도 잘했고, 성격도 착하고 밝았으니 당연한 일이지. 늘 적극적으로 열심히 했고 모두의 리더였잖아. 그에 비하면 나 같은 건 항상 칠칠맞고 협동심도 없고 성격도 어두워. 장점이 하나도 없어. 어쩌면 내가 죽었어야 했던 것 아닐까. 나 같은 애가 이렇게 살아 있어 봤자 아무런 도움이 안 되잖아……'

살아남은 자의 죄책감

재해나 사고 등으로 살아남은 사람이 그로 인해 괴로워하는 감정을 심리학 분야에서는 '서바이버스 길트(생존자의 죄책감)'라고 부른다. 원래 나치가 만든 아우슈비츠 수용소에서 살아남은 유대인 포로들이 겪는 감정으로 알려졌지만, 지금은 큰 사고나 재해를 당한 사람에게 발생하는 감정으로 본다. 동일본 대지진 당시에도 쓰나미에서 살아남은 사람, 혹은 피해 지역에 살지 않는 사람들이 "내가 사는 곳에는 아무 일이 없어서 미안하다"라며 죄책감에 시달렸다.

얄궂게도 착한 사람, 타인을 배려하는 사람일수록 이 감정에 사로잡히기 쉽다. 특히 본인이 아이였을 때나 젊었을 때 동료 또는 친구가 죽는 경험을 한 경우, 이들은 그 후의 인생을 살면서 "너는 죽은 그 아이 몫까지 열심히 해야 돼", "그 아이는 네 마음속에 살아 있어. 그 아이와의 기억을 소중히 간직하렴"이라는 말을 듣게 되는데, 감정이 쌓일 대로 쌓여서 나중에는 큰 압박이 된다. 혹은 주위 사람들에게 그런 말을 듣지 않아도 본인이 '그 아이 몫까지 살아야 해'라는 무거운 사명을 짊어지는 사람도 있다. 어쩌면 그녀도 그런 인생을 살아오다가 결국 '내가 죽었어야 했는데. 이렇게 오래 살아서 정말로 미안하다'라는 뚜렷한 죄책감이 생긴 것이 아닐까.

재해나 사고로 인해 누가 죽고 누가 사는지는 대부분 정말 우연이 결정한다. 차량 사고의 경우를 보면 사고 수습 후 한참 뒤 "자리의 위치가 결정적이었다"라고 분석하는 경우가 있는데, 이

때 어디에 앉느냐도 대부분 우연으로 결정된다. 언젠가 비행기 사고가 나면 앞좌석에 앉아야 살아남을 확률이 높다는 말이 있었다. 하지만 어떤 사고에서는 앞에 앉은 사람들이 집중적으로 희생된 적도 있다. 이건 전적으로 운 혹은 평소 습관 같은 것과 전혀 상관없는 단순한 우연에 불과하다.

　인생을 살다 보면 그런 불합리한 일도 일어나기 마련이다. 그런데 나만 살아서 미안하다며 끊임없이 자책하고, 어두운 마음으로 남은 인생을 사는 아이와 젊은이가 있다는 건 안타까운 이야기다. 그보다도 이 60대 여성처럼 그런 압박을 느끼며 살다가 시니어가 되고 나서 더욱 죄책감이 강해진다면, 그것만으로도 견딜 수 없을 것이다.

　물론 살아남은 사람이 죽은 사람을 그리워하고 마음 아파하며 그 사람을 잊지 않겠다고 다짐하지 말아야 할 이유는 없다. 주위 사람들이 무심코 "죽은 사람 몫까지 열심히 살아"라고 하는 마음도 이해한다. 그러나 그 격려가 때때로 '서바이버스 길트'가 되어 오랫동안 영향을 미칠 수 있다는 것을 위로하는 사람은 잊어서는 안 될 것이다.

　또한 사고 당사자는 힘든 일을 당한 사람을 가엾다고 생각하는 착한 마음까지 버릴 필요는 없다. 하지만 만약 나만 행복해서 미

230

안하다는 생각이 든다면, 자책하기보다는 '아, 이게 바로 서바이 버스 길트인가 보다'라고 생각하기를 바란다.

떠나간 내 친구에 관하여

나도 40대가 되고 나서 아주 우수한 친구를 사고로 잃었다. 그리고 지금도 가끔 '그 친구가 살아 있다면 어땠을까. 이 세상을 위해서는 그 사람이 아니라 내가 사라지는 게 나았을 거야'라는 생각도 한다. 그러나 그런 식으로 자신을 원망한다고 해도 그 사람이 살아 돌아오는 것은 아니다. 이런 생각은 그저 내 의지만 꺾을 뿐이다.

이런 경우에는, 불단 앞에 두 손을 모으고 언뜻 이기적인 듯 보이는 기도를 하던 할머니를 위해서라도, 혹은 본인에게는 그런 사람이 없다면 어딘가 그런 사람이 있다고 가정하고, '나는 나야. 이렇게 살았으니 됐어'라고 생각해보는 건 어떨까. 그 사람이 죽고 내가 살아 있는 것 사이에는 어떤 관계도 없다. 무슨 거래로 정해진 것도 아닌 그저 우연의 결과인 것이다.

나도 최근에는 이런 생각을 자주 한다.

'살아 있는 동안 재미있는 일을 많이 하면, 나중에 천국에 가서

231

그녀를 다시 만났을 때 할 이야기가 많을 거야. 그러니까 내가 재미있게 사는 건 절대 미안한 일이 아니야.'

이렇게 우선은 내가 살아 있다는 사실을 축복으로 여기고 행복해해야 한다. 불교의 관점으로 말하자면, 이것이 바로 죽은 사람에게 드리는 가장 좋은 공양일 것이다.

'나만 살아서 죄송합니다'라고 자책하고 죄책감을 안은 채 노년을 살아간다는 건 결코 멋진 삶이 아니다.

마치며

앞으로의 인생은 내 뜻대로

몇 해만 지나면 나는 60세가 된다. 만약 80세까지 산다고 가정하면, 남은 시간은 20년뿐이다.

나는 20년 전의 일을 어제 일처럼 기억한다. 그날부터 오늘에 이르기까지 말 그대로 순식간이었다. 남은 20년도 순식간에 지날 테고, 그러면 내 인생은 끝이 나겠지.

……두렵다.

나는 최근 10년 동안 '종교가 있어야 되는 것 아닐까'에 관해 고민해왔다.

2010년에 돌아가신 아버지는 고향에 있는 절에 잠들어 계신다. 엄마도 그곳으로 가시겠다고 말씀하셨다. 순리대로라면 나도 그곳으로 가야겠지만, 본문에서 언급했듯이 나에게는 아이가 없고 내 밑으로 남동생의 딸인 조카가 하나 있을 뿐이다. "네 할아버

233

지, 할머니 그리고 고모인 내 제사를 부탁한다"라고 부탁하면 조카에게 너무 큰 민폐가 되겠지. 그래서 되도록이면 내가 죽었을 때 부모님 것까지 함께 어딘가에 뿌려달라고 할까 생각 중이다.

나는 장례식도 필요 없다. 이미 남동생에게 말해뒀다. "나에게 무슨 일이 생기면 갑자기 수습하느라 번거롭겠지만, 업자에게 부탁해서 어딘가에 뿌려줘. 그다음에는 아무것도 안 해도 되니까."

말로는 담백한 것 같아도, 그렇다고 예전에 누군가가 말했던 "사람은 죽으면 쓰레기가 된다"는 말에 동의하는 건 아니다. 만일 내가 죽는다면, 먼저 돌아가신 부모님(엄마는 아직 살아계신데 돌아가셨다고 해서 죄송하지만), 젊었을 때 죽은 친구, 개와 고양이, 혹은 작은 새 같은 애완동물과 어딘가에서 재회할 수 있지 않을까 하는 막연한 기대를 가지고 있다.

그렇다면 어디에 가면 먼저 간 사람들을 만날 수 있을까. 그것이 문제다. 불교라면 극락정토에서 만날 것이고, 기독교라면 천국에 가서 만날 수도 있다. 살아 있는 동안 믿었던 신앙이 나중에 어디서 만날지를 결정짓는 것일까? 그것보다도, 신앙이 있으면 상상하기 쉬우니 안심이 되는 거겠지.

이제껏 절 몇 군데를 찾아가 보기도 했고 교회도 몇 군데 방문해보았다. 특히 교회는 어렸을 때 다닌 적이 있어서 일요일마다 정기적으로 다녀보았다. 지금 근무하는 릿쿄대학은 기독교 성공회이기 때문에 가끔 그곳 예배에도 참석한다. 그렇게 여러 곳을 다녀보다가 어딘가 문을 열었을 때 '그래, 내가 찾던 곳이 바로 여기야!' 하는 벅찬 감동을 느낄 수 있을지 모른다는 기대 때문이다.

하지만 요즘에는 교회, 절, 혹은 신사를 아무리 찾아가 봐도 '여기야!' 하는 기분이 들지 않는다. 모든 곳이 그 나름의 매력이 있고 마음의 안정을 주기 때문이다. '이 교회도 좋은데 저번에 갔던 그 절도 괜찮았어' 하는 식이랄까. 어쩌면 정년 후에도 심적으로 의지할 수 있는 종교를 찾지 못한 채 '그럼 어디에 가서 사람들을 만나지……'라는 애매한 상태로 인생의 끝을 맞이할지도 모른다. 그건 좀 아니라는 생각과 그래도 괜찮다는 생각이 둘 다 있다.

　본문에서도 말했지만, 나는 쉰여섯 살이 되고 나서 마음뿐만 아니라 몸도 고칠 수 있는 의사가 되기 위해 크게 마음먹고 종합진료과에서 수련을 시작했다. 이 나이에 새로운 지식이나 기술을 몸에 익히는 건 힘든 일이지만, 눈동냥으로 배우다 보니 그 나름대로 할 수 있게 되었다. 이 나이, 즉 정년 전후에도 새로운 것을 시작할 수 있다니 나 스스로도 깜짝 놀랐다. 이 나이에 새로운 기술을 배운다는 건 젊었을 때와는 또 다른 각별한 기쁨이 있다는 것도 깨달았다. 어쩐지 새로운 날개를 얻은 기분이다.

종합진료과 공부가 조금 더 진행되면, 대학 정년인 65세가 될 때까지 기다리지 않고 예순두세 살 즈음에 은퇴해 지방 어딘가로 내려가서 재택의료 중심의 진료소를 열까 하는 생각도 가끔 한다. 혹은 상하이나 싱가포르에 사는 일본인을 대상으로 클리닉을 열어도 좋겠다며 해외로 눈을 돌릴 때도 있다.

물론 나는 아직 어머니도 돌봐야 하고, 그게 끝났을 때 체력과 기력이 뒷받침될지도 의문이다. 하지만 뭔가 새로운 걸 시작할 수 있을지도 모른다는 생각이 내 가슴을 설레게 만든다. 내가 몇 살이 되었든 가슴이 설레어서 나쁠 건 없으니까.

생각해보면, 아무리 과학과 의료기술이 진보한다고 한들 예순은 예순이다. 예순이 열아홉이 될 일은 영원히 없을 것이다.

그렇다고 해서 '이제 예순 살이니 저건 못 해'라든가, '이제 예순 살이니 이건 하면 안 돼'라고 생각할 필요는 없다. 뭔가 시작하고 싶으면 하면 되고, 뭔가 그만두고 싶으면 하지 않으면 된다. '시작하다'와 '그만두다'는 완전히 반대말이지만, 어떤 것을 택하든 그걸 결정할 권리는 자기 자신에게 있다. 이 사실은 나이 때문에 달라지는 게 아니다.

단, 앞으로의 자기 인생을 결정하기 위해서는 일단 주변 상황과 환경을 정비해야 한다. 안타깝게도 주변에는 아직도 중년 여성을 "이미 나이 먹은 여자잖아"라며 옛날 틀에 가두려는 사람이 있는데, 그 또한 바꾸자고 말해야 한다. 스스로도 그 말에 위축되지 않도록 "아니, 내 일은 내가 결정할 거야"라고 주장할 필요도 있다.

지금까지 정년 후를 둘러싼 여성의 이런저런 문제를 떠오르는 대로 써보았다. 과거에 비해 변한 것과 변하지 않은 것, 그 양면을 살펴본 셈이다. 이 글을 읽으면서, 나의 정년 후 인생에 부족한 건 무엇일까, 어디를 바꾸면 될까, 나는 어떻게 할 것인가 등을 생각해보셨다면 더할 나위 없이 기쁠 것이다.

이 책은 아직 정년이 한참 남은 야마토쇼보 편집부 후지사와 요코 씨와의 수다로 태어난 기획이다. 기획까지는 빠르게 진행됐지만, 실제로 책이 되어 나오기까지 긴 시간이 필요했다. 이는 전적으로 미룰 때까지 미루고 보는 내 성격 때문이다. 늘 나이 많은 나를 격려하며 기다려준 후지사와 씨에게 진심으로 감사의 말을 전하고 싶다.

언젠가 당신에게도 정년은 찾아온다. 이 책이 그때를 위한 마음의 준비가 되어준다면, 이제 곧 정년인 나에게 이보다 더 기쁜 일은 없을 것이다.

가야마 리카

나이 듦의 심리학

초판 1쇄 발행 2019년 6월 3일
초판 2쇄 발행 2019년 6월 27일

지은이 가야마 리카
옮긴이 조찬희
펴낸이 김선식

경영총괄 김은영
기획편집 조혜영 **크로스교정** 조세현 **책임마케터** 이고은
마케팅본부 이주화, 정명찬, 최혜령, 이고은, 허윤선, 김은지, 박태준, 배시영, 박지수, 기명리
저작권팀 한승빈, 이시은
경영관리팀 허대우, 박상민, 윤이경, 김민아, 권송이, 김재경, 최완규, 손영은, 이우철, 이정현
외부스태프 디자인 즐거운생활 **일러스트** 김유정
사전독서단 간석영, 고서연, 김혜진, 문선영, 박혜경, 박혜전, 신은혜, 오승미, 이원영, 이효진, 진창숙

펴낸곳 다산북스 **출판등록** 2005년 12월 23일 제313-2005-00277호
주소 경기도 파주시 회동길 357 3층
대표전화 02-704-1724 **팩스** 02-703-2219 **이메일** dasanbooks@dasanbooks.com
홈페이지 www.dasanbooks.com **블로그** blog.naver.com/dasan_books
종이 한솔피앤에스 **인쇄·제본·후가공** 갑우문화사

ISBN 979-11-306-2191-3 (03180)